ソラ先生と学ぶ

一カ月で話せる韓国語

朴松姫
Park Songhee

読者へのメッセージ

はじめまして。朴松姫（パク・ソンヒ）といいます。
私は大学で日本語を習い、大学を卒業してから大阪に就職して日本に住んでいました。その時、趣味としてSNSに韓国語を教える動画を撮り始めました。私の動画を見てくださる方がどんどん増え４万人程度になり、しっかり韓国語の授業を行いたいと思いました。それから韓国の教員資格証の勉強をし始め、より専門的な韓国語の先生になるために頑張ってきました。

長い間、韓国人には日本語を教え、日本の方には韓国語を教えた経験を活かしてこの度、韓国語の初級教材を作成しました。教材は、教材内容→ならった文法の練習→問題を解くという順番で構成されていて習った内容を何度も繰り返し練習することができます。

韓国語に興味があって韓国のドラマや映画などはよく見るけど、意味がわからない人も多くいるはずです。この本には動画がついていますので、動画を見ながら勉強することができます。何度も繰り返して練習してみてください。教員資格証を持っている韓国人の先生がしっかり説明し、ネイティブな発音が学べるので韓国語の実力向上が期待できます。

短期で簡単な韓国語の文法を使いながら韓国語を喋ることは今これを見ているあなたも可能ですよ。韓国が好きな皆様が韓国語がペラペラになるまで私もお手伝いします。

これからもよろしくお願いします。

この本の構成と学習法

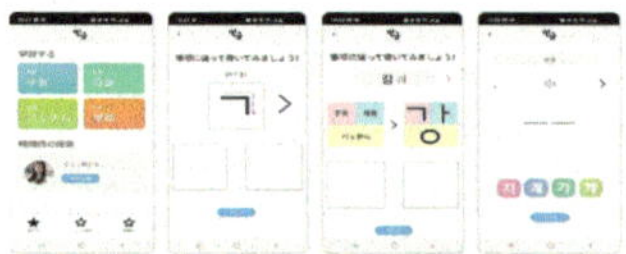

ソラのハングルドリル
アプリを紹介します。

IOS

Android

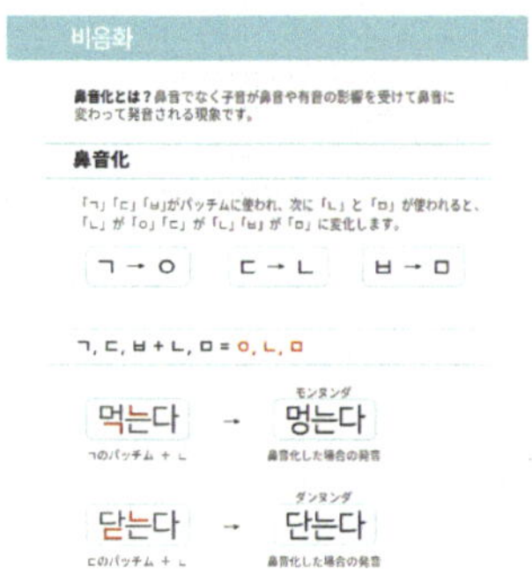

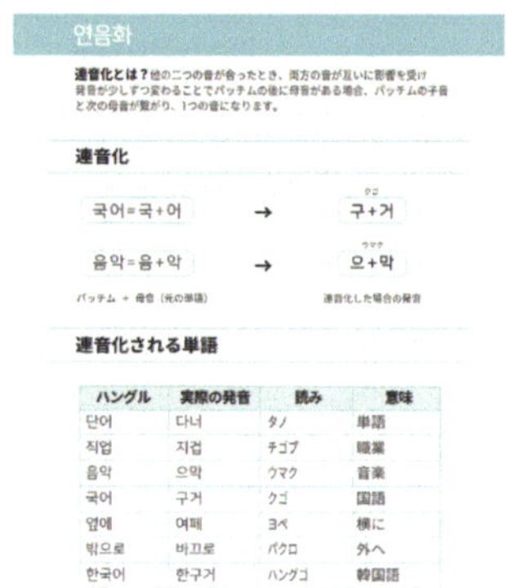

ハングル	実際の発音	読み	意味
단어	다너	タノ	単語
직업	지겁	チゴブ	職業
음악	으막	ウマク	音楽
국어	구거	クゴ	国語
옆에	여패	ヨペ	横に
밖으로	바끄로	パクロ	外へ
한국어	한구거	ハングゴ	韓国語

ハングルの子音+母音+パッチムの原理や
韓国語の規則を勉強することができます。

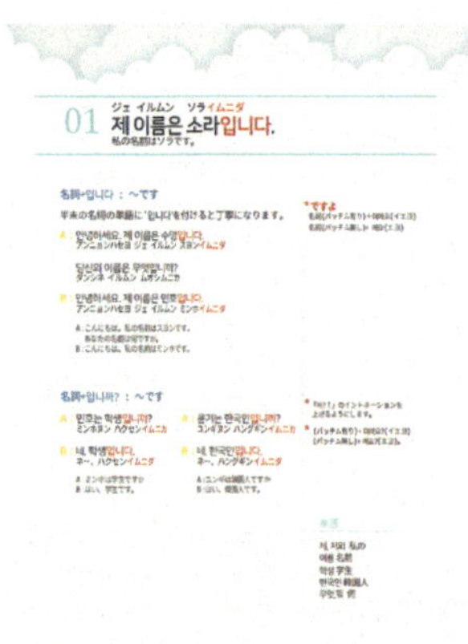

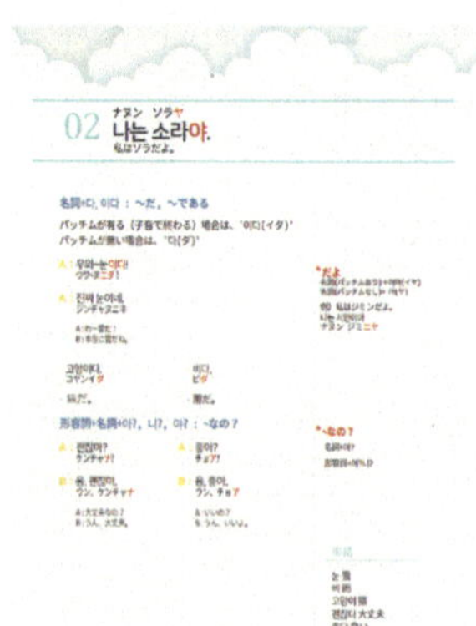

ヘヨ(해요)体とタメ語をまとめて勉強することができます。

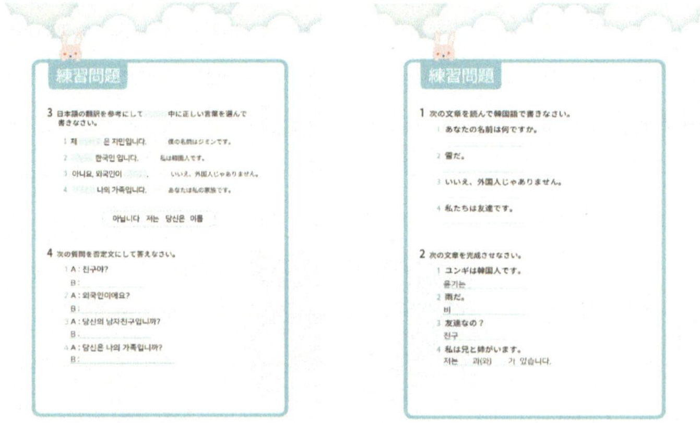

練習問題を通じて現在習ってる課について知らない事はないか、
難しい部分はどこかを確認することができます。

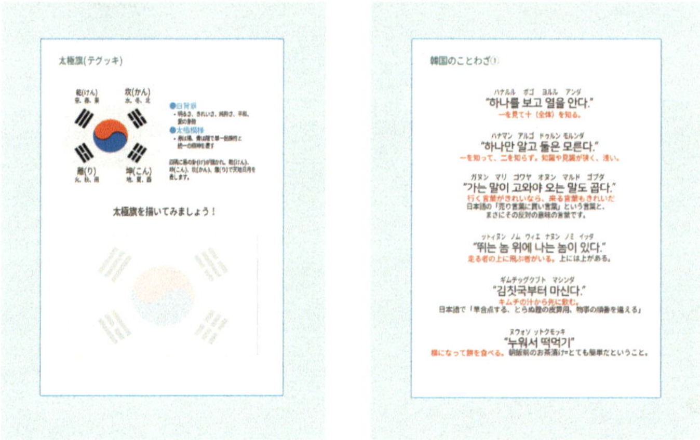

韓国の文化やことわざや食べ物など面白い文化について
勉強することができます。

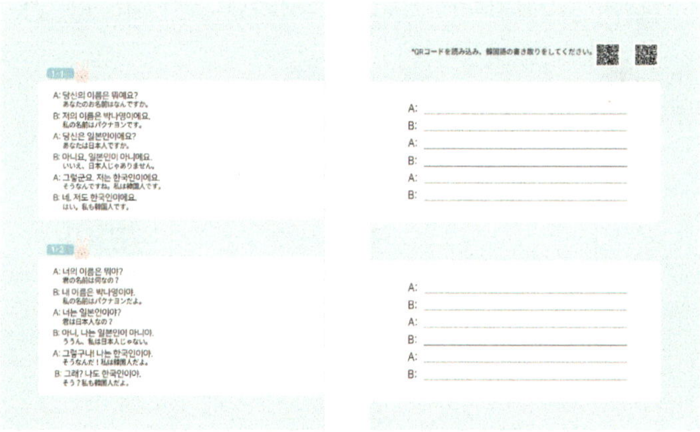

QRコードを活用し、韓国語の音声を聞きながら練習することができます。
他の人と一緒に練習するともっと効果的です。

形容詞を調べてみましょう！

기쁘다
嬉しい

슬프다
悲しい

불편하다
不便だ

편안하다
楽だ

깊다
深い

얕다
浅い

적다
少ない

많다
多い

재미있다
面白い

재미없다
面白くない

덥다
暑い

춥다
寒い

작다
小さい

크다
大きい

빠르다
早い

느리다
遅い

動詞を調べてみましょう！

뛰다
跳ぶ

서다
立つ

말하다
言う

화나다
怒る

울다
泣く

앉다
座る

듣다
聞く

읽다
読む

먹다
食べる

요리하다
料理する

자다
寝る

차다
蹴る

目次

ハングルの基礎

第一課

第二課

第三課

第四課

第五課

第六課

第七課

第八課

第九課

第十課

第十一課

第十二課

第十三課

第十四課

第十五課

第十六課

問題解説

単語

韓国の文化

한글의 자모

· 모음

ㅏ	ㅓ	ㅗ	ㅜ	ㅡ	ㅣ	ㅔ	ㅐ
[a]	[eo]	[o]	[u]	[eu]	[i]	[e]	[ae]
ㅑ	ㅕ	ㅛ	ㅠ	ㅢ		ㅖ	ㅒ
[ya]	[yeo]	[yo]	[yu]	[eui]		[ye]	[yae]
		ㅘ	ㅝ				
		[wa]	[wo]				
		ㅚ	ㅟ				
		[oe]	[wi]				
		ㅙ	ㅞ				
		[wae]	[we]				

· 자음

ㄱ	ㄴ	ㄷ	ㄹ	ㅁ	ㅂ	ㅅ	ㅇ	ㅈ	ㅎ
[k/g]	[n]	[t/d]	[r/l]	[m]	[p/b]	[s]	[n]	[j]	[h]
ㅋ		ㅌ			ㅍ			ㅊ	
[k]		[t]			[p]			[ch]	
ㄲ		ㄸ			ㅃ	ㅆ		ㅉ	
[kk]		[tt]			[pp]	[ss]		[jj]	

받침

パッチムの形と発音

発音	パッチムの形
k	ㄱ ㅋ ㄲ ㄳ ㄺ
n	ㄴ ㄵ ㄶ
t	ㄷ ㅅ ㅆ ㅈ ㅊ ㅌ ㅎ
l	ㄹ ㄼ ㄽ ㄾ ㅀ
m	ㅁ ㄻ
p	ㅂ ㅍ ㅄ ㄼ ㄿ
ng	ㅇ

k

楽器
악기 → 악끼
akki

明るい
밝다 → 박다
bakdda

外
밖 → 박
bak

받침

N

雪 눈	→	noon 눈
座る 앉다	→	antta 안따
あのね 있잖아	→	itjana 있자나

T

閉める 닫다	→	datta 다따
ある/いる 있다	→	itta 이따
探す 찾다	→	chatta 차따

받침

L

遊ぶ 놀다	→	nolda 놀다
広い 넓다	→	nultta 널따
嫌い 싫다	→	silta 실타

M

体 몸	→	mom 몸
夜 밤	→	bam 밤
生 삶	→	sam 삼

받침

p

ご飯 밥	→	bap 밥
深い 깊다	→	giptta 깁따
無い 없다	→	uptta 업따

ng

羊 양	→	yang 양
腸 장	→	jang 장
ゼロ 영	→	young 영

음절표

	ㅏ	ㅑ	ㅓ	ㅕ	ㅗ	ㅛ	ㅜ	ㅠ	ㅡ	ㅣ
ㄱ	가 カ/ガ	갸 キャ/ギャ	거 コ/ゴ	겨 キョ/ギョ	고 コ/ゴ	교 キョ/ギョ	구 ク/グ	규 キュ/ギュ	그 ク/グ	기 キ/ギ
ㄴ	나 ナ	냐 ニャ	너 ノ	녀 ニョ	노 ノ	뇨 ニョ	누 ヌ	뉴 ニュ	느 ヌ	니 ニ
ㄷ	다 タ/ダ	댜 ティャ/ ディャ	더 ト/ド	뎌 ティョ/ ディョ	도 ト/ド	됴 ティョ/ ディョ	두 トゥ/ドゥ	듀 ティュ/ ディュ	드 トゥ/ドゥ	디 ティ/ディ
ㄹ	라 ラ	랴 リャ	러 ロ	려 リョ	로 ロ	료 リョ	루 ル	류 リュ	르 ル	리 リ
ㅁ	마 マ	먀 ミャ	머 モ	며 ミョ	모 モ	묘 ミョ	무 ム	뮤 ミュ	므 ム	미 ミ
ㅂ	바 パ/バ	뱌 ピャ/バャ	버 ポ/ボ	벼 ピョ/ビョ	보 ポ/ボ	뵤 ピョ/ビョ	부 プ/ブ	뷰 ピュ/ビュ	브 プ/ブ	비 ピ/ビ
ㅅ	사 サ	샤 シャ	서 ソ	셔 ショ	소 ソ	쇼 ショ	수 ス	슈 シュ	스 ス	시 シ
ㅇ	아 ア	야 ヤ	어 オ	여 ヨ	오 オ	요 ヨ	우 ウ	유 ユ	으 ウ	이 イ
ㅈ	자 チャ/ジャ	쟈 チャ/ジャ	저 チョ/ジョ	져 チョ/ジョ	조 チョ/ジョ	죠 チョ/ジョ	주 チュ/ジュ	쥬 チュ/ジュ	즈 チュ/ジュ	지 チ/ジ
ㅊ	차 チャ	챠 チャ	처 チョ	쳐 チョ	초 チョ	쵸 チョ	추 チュ	츄 チュ	츠 チュ	치 チ
ㅋ	카 カ	캬 キャ	커 コ	켜 キョ	코 コ	쿄 キョ	쿠 ク	큐 キュ	크 ク	키 キ
ㅌ	타 タ	탸 ティャ	터 ト	텨 ティョ	토 ト	툐 ティョ	투 トゥ	튜 ティュ	트 トゥ	티 ティ
ㅍ	파 パ	퍄 ピャ	퍼 ポ	펴 ピョ	포 ポ	표 ピョ	푸 プ	퓨 ピュ	프 プ	피 ピ
ㅎ	하 ハ	햐 ヒャ	허 ホ	혀 ヒョ	호 ホ	효 ヒョ	후 フ	휴 ヒュ	흐 フ	히 ヒ

숫자

・数字を勉強しましょう！

何階か数える時やお金を数える時、カウントダウン、日数、電話番号などに使います。

0	1	2	3	4	5	6	7	8	9	10
영/공 ヨン・ゴン	일 イル	이 イー	삼 サム	사 サー	오 オー	육 ユッ	칠 チル	팔 パル	구 クー	십 シプ

11	12	13	14	15	16	17	18	19	20
십일 シビル	십이 シビー	십삼 シプサム	십사 シプサー	십오 シボー	십육 シムユッ	십칠 シプチル	십팔 シッパル	십구 シプクー	이십 イーシプ

21	22	23	24	25	26	27	28	29	30
이십일 イーシビル	이십이 イーシビー	이십삼 イーシプサム	이십사 イーシプサー	이십오 イーシボー	이십육 イーシムユッ	이십칠 イーシプチル	이십팔 イーシッパル	이십구 イーシプクー	삼십 サムシプ

・10単位を読みましょう！

	10(十) シッ	100(百) ペク	1000(千) チョン	10000(万) マン	100000000(億) オッ
1	십	백	천	만	일억
2	이십	이백	이천	이만	이억
3	삼십	삼백	삼천	삼만	삼억
4	사십	사백	사천	사만	사억
5	오십	오백	오천	오만	오억
6	육십	육백	육천	육만	육억
7	칠십	칠백	칠천	칠만	칠억
8	팔십	팔백	팔천	팔만	팔억
9	구십	구백	구천	구만	구억

숫자

・固有数詞を勉強しましょう！

人や動物を数える時、物の数を数える時、年を話す時に使います。

ひとつ ハナ 하나	ふたつ トゥル 둘	みっつ セッ 셋	よっつ ネッ 넷	いつつ タソッ 다섯	むっつ ヨソッ 여섯	ななつ イルゴプ 일곱	やっつ ヨドル 여덟	ここのつ アホプ 아홉	とお ヨル 열
11 ヨルハナ 열 하나	12 ヨルトゥル 열 둘	13 ヨルセッ 열 셋	14 ヨルネッ 열 넷	15 ヨルタソッ 열 다섯	16 ヨルヨソッ 열 여섯	17 ヨルイルゴプ 열 일곱	18 ヨルヨドル 열 여덟	19 ヨルアホプ 열 아홉	はたち スムル 스물

十 ヨル 열	二十 スムル 스물	三十 ソルン 서른	四十 マフン 마흔	五十 シィン 쉰	六十 イェスン 예순	七十 イルン 일흔	八十 ヨドゥン 여든	九十 アフン 아흔	百 ぺク 백

年齢の単位は ： 歳（살,サル）

~名(명) ミョン	~匹(마리) マリ	~個(개) ゲ
한 명	한 마리	한 개
두 명	두 마리	두 개
세 명	세 마리	세 개
네 명	네 마리	네 개
다섯 명	다섯 마리	다섯 개
~枚(장) ジャン	**~冊(권) クォン**	**~本(병, 자루) ビョン・ザル**
여섯 장	여섯 권	여섯 병, 자루
일곱 장	일곱 권	일곱 병, 자루
여덟 장	여덟 권	여덟 병, 자루
아홉 장	아홉 권	아홉 병, 자루
열 장	열 권	열 병, 자루

맥주 한 병 주세요.
メクチュ ハンビョン チュセヨ
ビール1本ください。

사과잼을 네 개 만들었어요.
サグァチェムル ネーゲ マンドゥロッソヨ
リンゴジャムを4個作りました。

티켓 세 장 주세요.
ティケッ セー ジャン チュセヨ
チケット3枚ください。

유성음화

有声音化とは?
有声音でなく無声音が有声音に変わることを言います。

子音	語頭	語中			
ㄱ	k	g	고기 コギ 肉	가게 カゲ 店	기계 キゲ 機械

子音	語頭	語中			
ㄷ	t	d	다도 タド 茶道	구두 クドゥ 靴	달 ダル 月

子音	語頭	語中			
ㅂ	p	b	부부 プブ 夫婦	갈비 カルビ カルビ	공부 コンブ 勉強

子音	語頭	語中			
ㅈ	tʃ	j	반지 パンジ 指輪	존재 チョンジェ 存在	아버지 アボジ お父さん

농음화

濃音化とは？ 平音の文字が濃音になることを言います。

ㄱ ㄷ ㅂ ㅅ ㅈ　語中にあると濁音になる子音

↓

ㄲ ㄸ ㅃ ㅆ ㅉ　前のパッチムが「ㄱ ㄷ ㅂ」の場合

ㄱ, ㄷ, ㅂ, ㅈ は語中にあると濁音になりますが、
前のパッチムがㄱ, ㄷ, ㅂ の場合は、濁音にならずに濃音に変化します。

濃音化される単語

ハングル	実際の発音	読み	意味
학교	학꾜	ハッキョ	学校
꽃밭	꼳빧	コッパッ	花畑
식당	식땅	シクタン	食堂
각도	각또	カクト	角度
국밥	국빱	クッパプ	クッパ
집세	집쎄	チプセ	家賃
듣다	듣따	トゥッタ	聞く

설측음화

舌側音化とは？ 舌の脇音「ㄹ」を言います。
舌側音ではない音が舌側音である「ㄹ」に音が変わるのが舌側音化です。

舌側音化

パッチムと子音、子音とパッチムの組み合わせが
「ㄴ」と「ㄹ」の場合（順序はどちらでも）、「ㄹ」の発音になります。
*合成漢字語など一部の例外はあります。

ㄴ + ㄹ → ㄹ + ㄹ

ㄹ + ㄴ → ㄹ + ㄹ

舌側音化される単語

ハングル	実際の発音	読み	意味
연락	열락	ヨㇽラク	連絡
인류	일류	イㇽリュ	人類
언론	얼론	オㇽロン	言論
연륜	열륜	ヨㇽリュン	年輪
편리	펼리	ピョㇽリ	便利
전라도	절라도	チョㇽラド	全羅道(地名)
물놀이	물로리	ムㇽロリ	水遊び

연음화

連音化とは？ 他の二つの音が合ったとき、両方の音が互いに影響を受け発音が少しずつ変わることでパッチムの後に母音がある場合、パッチムの子音と次の母音が繋がり、1つの音になります。

連音化

국어=국+어 → 구+거（クゴ）

음악=음+악 → 으+막（ウマク）

パッチム ＋ 母音（元の単語）　　連音化した場合の発音

連音化される単語

ハングル	実際の発音	読み	意味
단어	다너	タノ	単語
직업	지겁	チゴプ	職業
음악	으막	ウマク	音楽
국어	구거	クゴ	国語
옆에	여페	ヨペ	横に
밖으로	바끄로	パクロ	外へ
한국어	한구거	ハングゴ	韓国語

구개음화

口蓋音化とは？ 子音の調音点が硬口蓋と近くなる現象です。

口蓋音化の発音

「ㄷ」と「ㅌ」のパッチムに「이」が続くと
「ㄷ」は「지」、「ㅌ」は「치」と発音されます。

ㄷ → 지

ㅌ → 치

口蓋音化される単語

ハングル	実際の発音	読み	意味
같이	가치	カチ	一緒に
밭이	바치	パチ	畑が
굳이	구지	クジ	あえて
맏이	마지	マジ	長子、伯
해돋이	해도지	ヘドジ	日の出
턱받이	턱바지	トクバジ	よだれ掛け
미닫이	미다지	ミダジ	障子

격음화

激音化とは？「ㅎ」の前後に「ㄱ」、「ㄷ」、「ㅂ」、「ㅈ」がくる場合は、それぞれが激音になります。「激音化」と言われると難しく感じますが、簡単に言うと「ㅎ」が母音になるだけです。

「子音+ㅎ」と「ㅎ+子音」

ㅎ	+	ㄱ ㄷ ㅂ ㅈ	=	ㅋ ㅌ ㅍ ㅊ
前後の子音を激音化させる		激音化する子音		前後に「ㅎ」がきた場合

激音化される単語

ハングル	実際の発音	読み	意味
좋다	조타	チョタ	良い
입학	이팍	イパク	入学
축하	추카	チュカ	祝賀
넣고	너코	ノコ	入れて
앉히다	안치다	アンチダ	座らせる
솔직히	솔찌키	ソルチキ	正直
악하다	아카다	アカダ	悪し

ㄴ(ニウン)의 첨가

添加とは？添加とはもともとなかった音韻が新たに生じることを言います。

야 → 냐

유 → 뉴

여 → 녀

이 → 니

요 → 뇨

添加の例

真夏	ハンニョルム
한여름 →	한녀름

もちろんです	クロムニョ
그럼요 →	그럼뇨

目の保養	ヌンニョギ
눈요기 →	눈뇨기

食用油	シキョンニュ
식용유 →	시공뉴

頭痛薬	トゥトンニャク
두통약 →	두통냑

毛布	タムニョ
담요 →	담뇨

ㅎ(ヒウッ)의 강화

ㅎ(ヒウッ)の強化は？「ㅎ」は語頭以外では母音の発音になります。パッチムに「ㅎ」が使われたときも同様です。

「ㅎ」と「子音」

・「ㅎ」と「ㄱ」＝ㅋ

박하 → 바카（バカ）

・「ㅎ」と「ㅈ」＝ㅊ

맞히다 → 마치다（マチダ）

・「ㅎ」と「ㄴ」＝ㄴ

번호 → 버노（ボノ）

・「ㅎ」と「ㄹ」＝ㄹ

올해 → 오래（オレ）

ㅎ(ヒウッ)의 강화

ㅎ(ヒウッ)の強化される単語

ハングル	実際の発音	読み	意味
박하	바카	バカ	ハッカ
번호	버노	ボノ	番号
올해	오래	オレ	今年
은행	으냉	ウネン	銀行
신호	시노	シノ	信号
전화	저놔	チョノァ	電話
결혼	겨론	キョロン	結婚
맞히다	마치다	マチダ	当てる
좋아요	조아요	チョアヨ	良いです
싫어요	시러요	シロヨ	嫌いです
많아요	마나요	マナヨ	多いです
괜찮아요	괜차나요	ケンチャナヨ	大丈夫です

비음화

鼻音化とは？鼻音でなく子音が鼻音や有音の影響を受けて鼻音に変わって発音される現象です。

鼻音化

「ㄱ」「ㄷ」「ㅂ」がパッチムに使われ、次に「ㄴ」と「ㅁ」が使われると、「ㄴ」が「ㅇ」「ㄷ」が「ㄴ」「ㅂ」が「ㅁ」に変化します。

ㄱ → ㅇ　　ㄷ → ㄴ　　ㅂ → ㅁ

ㄱ, ㄷ, ㅂ + ㄴ, ㅁ = ㅇ, ㄴ, ㅁ

먹는다 → 멍는다（モンヌンダ）

ㄱのパッチム ＋ ㄴ　　鼻音化した場合の発音

닫는다 → 단는다（ダンヌンダ）

ㄷのパッチム ＋ ㄴ　　鼻音化した場合の発音

비음화

イムニダ

입니다	→	임니다
ㅂのパッチム ＋ ㄴ		鼻音化した場合の発音

鼻音化される単語

ハングル	実際の発音	読み	意味
먹는다	멍는다	モンヌンダ	食べる
닫는다	단는다	ダンヌンダ	閉じる
입니다	임니다	イムニダ	～です
받는다	반는다	パンヌンダ	受ける
국민	궁민	クンミン	国民
국물	궁물	クンムル	汁
있는	인는	インヌン	～がある、いる

비음화

「ㄱ」「ㄷ」「ㅂ」「ㅁ」「ㅇ」がパッチムに使われ、次に「ㄹ」がくる場合は、「ㄹ」が「ㄴ」に変化します。さらに「ㄱ」「ㄷ」「ㅂ」のパッチムは、「ㄱ」が「ㅇ」「ㄷ」が「ㄴ」「ㅂ」が「ㅁ」に変化します。
「ㅁ」と「ㅇ」は変化しません。

ㄹ → ㄴ　＋　ㄱ → ㅇ
　　　　　　ㄷ → ㄴ
　　　　　　ㅂ → ㅁ

ㄱのパッチム ＋ ㄹ

激励		キョンニョ
격려	→	경녀
独立		トンニプ
독립	→	동닙
国立		クンニプ
국립	→	궁닙

비음화

ㅁのパッチム ＋ ㄹ

心理		シムニ
심리	→	심니
度胸		ダムニョク
담력	→	담녁
金利		コムニ
금리	→	금니

ㅂのパッチム ＋ ㄹ

協力		ヒョムニョク
협력	→	혐녁
摂理		ソムニ
섭리	→	섬니
法律		ポムニュル
법률	→	범뉼

비음화

ㅇのパッチム ＋ ㄹ

整理		チョンニ
정리	→	정니

鍾路		チョンノ
종로	→	종노

利口		ヨンニ
영리	→	영니

가

カジ
가지
ナス

나

ナム
나무
木

다

タラムジュィ
다람쥐
リス

라
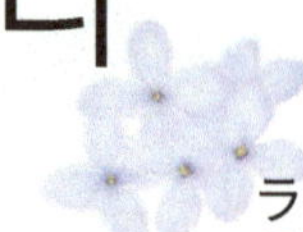
ライラク
라일락
ライラック

마

マイク
마이크
マイク

바

バナナ
바나나
バナナ

사

サグァ
사과
リンゴ

아

アイスクリム
아이스크림
アイスクリーム

자
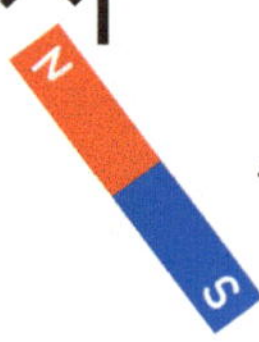

チャソク
자석
磁石

차

チャ
차
茶

카

カメラ
카메라
カメラ

타

タロ
타로
タロット

파

パイネプル
파인애플
パイナップル

하

ハトゥ
하트
ハート

아

アギ
아기
赤ちゃん

야

ヤジャス
야자수
ヤシの木

어

オハン
어항
金魚鉢

여

ヨウ
여우
キツネ

오

オイ
오이
きゅうり

요

ヨグルトゥ
요구르트
ヨーグルト

우

ウユ
우유
牛乳

유

ユリコプ
유리컵
ガラスのコップ

으

ウットゥム
으뜸
最上

이

イブル
이불
布団

1과

1. 저의 이름은 소라입니다.
2. 나는 소라야.
3. 저의 것이 아닙니다.
4. 그는 저의 아버지입니다.

01 ジョエ イルムン ソライムニダ
저의 이름은 소라입니다.
私の名前はソラです。

名詞+입니다 : ～です

半末の名詞の単語に'입니다'を付けると丁寧になります。

A : 안녕하세요. 저의 이름은 수영입니다.
アンニョンハセヨ ジョエ イルムン スヨンイムニダ

당신의 이름은 무엇입니까?
ダンシネ イルムン ムオシムニカ

B : 안녕하세요. 저의 이름은 민호입니다.
アンニョンハセヨ ジョエ イルムン ミンホイムニダ

A : こんにちは。私の名前はスヨンです。
あなたの名前は何ですか。
B : こんにちは。私の名前はミンホです。

名詞+입니까? : ～ですか

A : 민호는 학생입니까?
ミンホヌン ハクセンイムニカ

B : 네, 학생입니다.
ネー、ハクセンイムニダ

A : ミンホは学生ですか。
B : はい、学生です。

A : 윤기는 한국인입니까?
ユンギヌン ハングギンイムニカ

B : 네, 한국인입니다.
ネー、ハングギンイムニダ

A : ユンギは韓国人ですか。
B : はい、韓国人です。

***ですよ**
名詞(パッチム有り)+이에요(イエヨ)
名詞(パッチム無し)+예요(エヨ)

***の**
私の名前はそらです。
저의 이름은 소라입니다.
ソラのです。소라 것입니다.

***は**
パッチム有り+은(ウン)
パッチム無し+는(ヌン)

* 「까?↑」のイントネーションを上げるようにします。

* (パッチム有り)+이에요?(イエヨ)
(パッチム無し)+예요?(エヨ)。

単語

의,것 の
이름 名前
학생 学生
한국인 韓国人
무엇 何

02 ナヌン　ソラヤ
나는 소라야.
私はソラだよ。

名詞+다, 이다 ： ～だ，～である

パッチムが有る（子音で終わる）場合は、'이다(イダ)'
パッチムが無い場合は、'다(ダ)'

A：우와~눈이다!
ウワ~ヌニダ！

A：진짜 눈이네.
ジンチャヌニネ

A：わー雪だ！
B：本当に雪だね。

· 고양이다.
コヤンイダ

· 猫だ。

· 비다.
ビダ

· 雨だ。

形容詞+名詞+아?，니?，야? ： ～なの？，～の？

A：괜찮니?
ケンチャンニ?

B：응, 괜찮아.
ウン、ケンチャナ

A：大丈夫なの？
B：うん、大丈夫。

A：좋아?
チョア?

B：응, 좋아.
ウン、チョア

A：いいの？
B：うん、いいよ。

*だよ
名詞(パッチム有り)+이야(イヤ)
名詞(パッチム無し)+야(ヤ)
例）私はジミンだよ。
나는 지민이야.
ナヌン ジミニヤ

*～なの？，～の？
名詞(パッチム有り)+이야(イヤ)
名詞(パッチム無し)+야(ヤ)
例）雨なの？비야? ビヤ?

形容詞[ex)괜찮다x]+아?니?

単語

눈 雪
비 雨
고양이 猫
괜찮다 大丈夫だ
좋다 良い

03 ジョエ ゴシ アニムニダ
저의 것이 아닙니다.
私のじゃありません。

名詞+~이/가 아닙니다 : ～じゃないです、じゃありません

名詞について「では（じゃ）ありません」「～ではございません」のような丁寧な否定形として使われます。

A : 당신의 남자친구입니까?
ダンシネナムジャチングイムニカ?

B : 저의 남자친구가 아닙니다.
ジョエ ナムジャチングガアニムニダ

A : あなたの彼氏ですか。
B : 私の彼氏じゃありません。

A : 외국인이에요?
ウェグギニエヨ?

B : 아니요, 외국인이 아닙니다.
アニヨ ウェグギニ アニムニダ

A : 外国人ですか。
B : いいえ、外国人じゃありません。

タメ語の否定

名詞を「じゃない」と否定したいときは単語の後ろに'아니다'を付けます。

A : 친구야?
チングヤ?

B : 아니, 친구 아니야.
アニ、チング アニヤ

A : 友達なの？
B : ううん、友達じゃない。

* 「違う」と「じゃない」は別物です。

*じゃ，が
パッチム有り＋가(ガ)
パッチム無し＋이(イ)

例）姉がいます。
누나가 있습니다.
ヌナガ イッスムニダ

例）兄がいます。
형이 있습니다.
ヒョンイ イッスムニダ

単語

당신 あなた
것 の,もの
남자친구 彼氏
외국인 外国人
친구 友達

04 クヌン ジョエ アボジイムニダ
그는 저의 아버지입니다.
彼は私の父さんです。

人代名詞

1人称		2人称	3人称
私、僕、俺	私たち、俺たち	君　あなた	彼
ナ　ジョ 나　저	ウリ 우리	ノ　タンシン　クデ 너　당신　그대	ク 그
わたくし	わたくしたち	君たち、おまえたち	彼女
ジョ 저	ジョヒ 저희	ノヒドル、ノネドル 너희(들), 너네(들)	クニョ 그녀

~은/는 : ～は

· 우리는 친구입니다.
ウリヌン チングイムニダ
· 私たちは友達です。

· 이 분은 누구입니까?
イ ブヌン ヌグ イムニカ
· この方は誰ですか。

祖父,祖母	兄弟	両親	姉妹
お祖父さん	お兄さん	お父さん、父親	お姉さん
ハラボジ 할아버지	女:오빠 オッパ 男:형 ヒョン	アボジ　アッパ 아버지,　아빠	女:언니 オンニ 男:누나 ヌナ
お祖母さん	弟さん	お母さん、母親	妹さん
ハルモニ 할머니	ナムドンセン 남동생	オモニ　オンマ 어머니,　엄마	ヨドンセン 여동생

· 저는 언니와 남동생이 있습니다.
ジョヌン オンニワ ナムドンセンイ イッスムニダ
· 私は姉と弟がいます。

· 저는 형과 누나가 있습니다.
ジョヌン ヒョングァ ヌナガ イッスムニダ
· 私は兄と姉がいます。

*と
パッチム有り＋과(グァ)
パッチム無し＋와(ワ)

単語

분 方
부모님 両親
형제 兄弟
자매 姉妹

01

A ジョヌン ソラ イムニダ
A 저는(은) 소라입니다.

A 私はソラです。

① ソンセンニム 선생님
② ハクセン 학생
③ ハングギン 한국인
④ イルボニン 일본인

単語

선생님 先生
학생 学生
한국인 韓国人
일본인 日本人

02

A クニョヌン チング イムニカ
A 그녀는(은) 친구입니까?
B ネー、チングイムニダ
B 네, 친구입니다.

A 彼女は友達ですか。
B はい、友達です。

① クニョ 그녀　カス 가수
② ク 그　ウェグギン 외국인
③ タンシン 당신　キョンチャル 경찰
④ ミンホ 민호　ハクセン 학생

単語

친구 友達
가수 歌手
외국인 外国人
경찰 警察
학생 学生

03

A クニョヌン チング イムニカ
그녀는(은) 친구입니까?

B アニヨ、 チングガ アニムニダ
아니요, 친구가(이) 아닙니다.

A 彼女は友達ですか。

B いいえ、友達じゃありません。

① クニョ 그녀 カス 가수

② ク 그 ウェグギン 외국인

③ タンシン 당신 キョンチャル 경찰

④ ミンホ 민호 ハクセン 학생

単語

그녀 彼女
가수 歌手
그 彼
외국인 外国人
경찰 警察

04

A クヌン ジョエ アボジイムニダ
그는(은) 나의 아버지입니다.

A 彼は私の父さんです。

① クニョ 그녀 オンニ 언니

② ク 그 ナムドンセン 남동생

③ タンシン 당신 チング 친구

④ クニョ 그녀 オンマ 엄마

単語

언니 姉
남동생 弟
엄마 お母さん
친구 友達

練習問題

1 次の文章を読んで韓国語で書きなさい。

1 あなたの名前は何ですか。

2 雪だ。

3 いいえ、外国人じゃありません。

4 私たちは友達です。

2 次の文章を完成させなさい。

1 ユンギは韓国人です。

윤기는

2 雨だ。

비

3 友達なの？

친구

4 私は兄と姉がいます。

저는 과(와) 가 있습니다.

練習問題

3 日本語の翻訳を参考にして_____中に正しい言葉を選んで書きなさい。

1 저의 _____ 은 지민입니다. ← 僕の名前はジミンです。

2 _____ 한국인 입니다. ← 私は韓国人です。

3 아니요, 외국인이 _____. ← いいえ、外国人じゃありません。

4 _____ 나의 가족입니다. ← あなたは私の家族です。

아닙니다 저는 당신은 이름

4 次の質問を否定文にして答えなさい。

1 A : 친구야?
B : __________

2 A : 외국인이에요?
B : __________

3 A : 당신의 남자친구입니까?
B : __________

4 A : 당신은 저의 가족입니까?
B : __________

1-1

A: 당신의 이름은 뭐예요?
あなたのお名前はなんですか。

B: 저의 이름은 박나영이에요.
私の名前はパクナヨンです。

A: 당신은 일본인이에요?
あなたは日本人ですか。

B: 아니요, 일본인이 아니에요.
いいえ、日本人じゃありません。

A: 그렇군요. 저는 한국인이에요.
そうなんですね。私は韓国人です。

B: 네. 저도 한국인이에요.
はい。私も韓国人です。

1-2

A: 너의 이름은 뭐야?
君の名前は何なの？

B: 내 이름은 박나영이야.
私の名前はパクナヨンだよ。

A: 너는 일본인이야?
君は日本人なの？

B: 아니, 나는 일본인이 아니야.
ううん、私は日本人じゃない。

A: 그렇구나! 나는 한국인이야.
そうなんだ！私は韓国人だよ。

B: 그래? 나도 한국인이야.
そう？私も韓国人だよ。

*QRコードを読み込み、韓国語の書き取りをしてください。

A: ______________________________

B: ______________________________

A: ______________________________

B: ______________________________

A: ______________________________

B: ______________________________

A: ______________________________

B: ______________________________

A: ______________________________

B: ______________________________

A: ______________________________

B: ______________________________

韓国の正月

韓国の1月1日は신정(新正)と言います。韓国の新正は公休日なので、12月31日の夜から日の出「해돋이(ヘドジ)」を見に行く人も多いです。

12月31日の夜から1月1日にかけてはソウルの「鐘閣駅」で鐘がならされ、花火を見られる所もあります。

韓国のお正月は毎年旧暦1月1日です。お正月は설날(ソルラル)と言い、설날(ソルラル)には떡국(トックク)という雑煮を食べます。

子供たちはチマチョゴリを着てお祖母さんとお祖父さんに会いに行きます。

떡국(トックク)

한복(ハンボク)

2과

1. 이것은 무엇입니까?
2. 이 넥타이는 누구 것입니까?
3. 송희씨의 자리는 그쪽입니다.
4. 화장실은 어디에 있습니까?

01 イゴスン　ムオシムニカ
이것은 무엇입니까?
これは何ですか。

これ・それ・あれ・どれ

	ハングル	読み
これ	이것	イゴッ
それ	그것	クゴッ
あれ	저것	チョゴッ
どれ	어느것	オヌゴッ

A : 이것은 무엇입니까?
イゴスン ムオシムニカ

B : 그것은 연필입니다.
クゴスン ヨンピルイムニダ

A : 어느 것이 연필입니까?
オヌ ゴシ ヨンピルイムニカ

B : 저것이 연필입니다.
チョゴシ ヨンピルイムニダ

A : これは何ですか。
B : それは鉛筆です。
A : どれが鉛筆ですか。
B : あれが鉛筆です。

単語

연필 鉛筆

02 이 넥타이는 누구 것입니까?

イ　ネクタイヌン　ヌグ　ゴシムニカ

このネクタイは誰のですか。

これ・それ・あれ・どれ

	ハングル	読み
この	이	イ
その	그	ク
あの	저	チョ
どの	어느	オヌ

A：이 넥타이는 누구 것입니까?
イ ネクタイヌン ヌグ ゴシムニカ

B：그 넥타이는 선생님 것입니다.
ク ネクタイヌン ソンセンニム ゴムニダ

A：저 넥타이는 어느 브랜드 입니까?
ジョ ネクタイヌン オヌ ブレンドゥ イムニカ

B：그 브랜드는 모르겠습니다.
ク ブレンドゥヌン モルゲッスムニダ

A：このネクタイは誰のですか。
B：そのネクタイは先生のです。
A：あのネクタイはどのブランドですか。
B：そのブランドは知りません。

単語

넥타이 ネクタイ
브랜드 ブランド
모르다 知らない

03 송희 씨의 자리는 그쪽입니다.

ソンヒ　ッシーエ　ジャリヌン　クッチョギムニダ

ソンヒさんのお席はそちらです。

こちら・そちら・あちら・どちら

	ハングル	読み
こちら	이쪽	イッチョク
そちら	그쪽	クッチョク
あちら	저쪽	チョッチョク
どちら	어느쪽	オヌッチョク

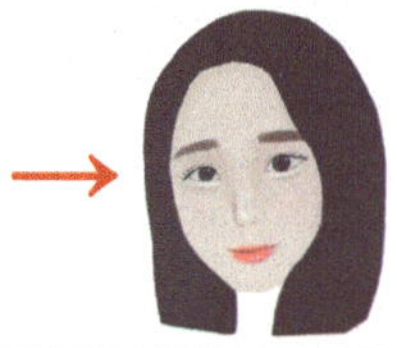

A：이쪽은 저의 친구인 송희입니다.
イッチョグン ジョエ チングイン ソンヒイムニダ

B：송희 씨의 자리는 그쪽입니다.
ソンヒッシーエ ジャリヌン クッチョギムニダ

A：나영이는 어느 쪽에 있습니까?
ナヨンイヌン オヌッチョゲ イッスムニカ

B：나영 씨는 저쪽에 있습니다.
ナヨンイヌン チョッチョゲ イッスムニダ

A：こちらは私の友達のソンヒです。
B：ソンヒさんのお席はそちらです。
A：ナヨンはどちらにいますか。
B：ナヨンさんはあちらにいます。

*同じ意味
こっち、そっち、あっち、どっち

単語

자리 お席
있습니다 あります

04 ファジャンシルン オディエ イッスムニカ
화장실은 어디에 있습니까?
トイレはどこにありますか。

ここ・そこ・あそこ・どこ

	ハングル	読み
ここ	여기	ヨギ
そこ	거기	コギ
あそこ	저기	チョギ
どこ	어디	オディ

A：여기 화장실은 어디에 있습니까?
ヨギ ファジャンシルン オディエ イッスムニカ

B：거기 맞은편에 있습니다.
コギ マジュンピョネ イッスムニダ

A：아, 저기 있네요.
ア、 チョギ イッネヨ

A：ここってトイレはどこにありますか?
B：そこの向かい側にあります。
A：あ、そこにありますね。

単語

화장실 トイレ
맞은편 向かい側

01

A 이것은 연필입니다.
(イゴスン ヨンピルイムニダ)

A これは鉛筆です。

① 이것 (イゴッ) 지갑 (チガプ)
② 그것 (クゴッ) 시계 (シゲ)
③ 저것 (チョゴッ) 가방 (カバン)
④ 저것 (チョゴッ) 거울 (コウル)

単語

연필 鉛筆
지갑 財布
시계 時計
가방 カバン
거울 鏡

02

A 이 책은 그림책입니다.
(イ チェグン グリムチェギムニダ)

A この本は絵本です。

① 이 (イ) 저의 (ジョエ)
② 그 (ク) 소설 (ソソル)
③ 그 (ク) 도서관 (トソグァン)
④ 저 (チョ) 요리 (ヨリ)

単語

그림책 絵本
소설 小説
도서관 図書館
요리 料理

03

A ファジャンシルン オヌッチョゲ イッスムニカ
화장실은(는) 어느쪽에 있습니까?

B ファジャンシルン イッチョゲ イッスムニダ
화장실은(는) 이쪽에 있습니다.

A トイレはどちらにありますか。

B トイレはこちらにあります。

① ピョニジョム 편의점 イッチョク 이쪽

② ミヨンシル 미용실 クッチョク 그쪽

③ ソジョム 서점 チョッチョク 저쪽

④ カペ 카페 チョッチョク 저쪽

単語

화장실 トイレ
편의점 コンビニ
미용실 美容院
서점 本屋
카페 カフェ

04

A ヨギヌン オディイムニカ
여기는(은) 어디입니까?

A ここはどこですか。

① ヨギ 여기 ピョンウォン 병원

② コギ 거기 ウチェグック 우체국

③ チョギ 저기 ペクァジョム 백화점

④ ファジャンシル 화장실 オディ 어디

単語

병원 病院
우체국 郵便局
백화점 デパート

練習問題

1 次の文章を読んで韓国語で書きなさい。

1 それは時計です。

2 どれが時計ですか。

3 この時計は誰のですか。

4 その時計はソンヒのです。

2 次の文章を完成させなさい。

1 この本は私の本です。

이 책은 　　 책입니다.

2 そこは郵便局です。

거기는 　　 입니다.

3 カフェはあちらにあります。

카페는 　　 에 있습니다.

4 あれは鏡です。

　　 은 거울입니다.

練習問題

3 日本語の翻訳を参考にして　　　中に正しい言葉を選んで書きなさい。

1 서점은 ______ 에 있습니까? ← 本屋はどっちにありますか。

2 서점은 ______ 에 있습니다. ← 本屋はこちらにあります。

3 지민 씨는 ______ 에 있습니까? ← ジミンさんはどこにいますか。

4 지민 씨는 ______ 에 있습니다. ← ジミンさんはあちらにいます。

저쪽　　이쪽　　어느 쪽　　어디

4 次の文章を日本語に直しなさい。

1 여기는 병원입니까?

______

2 편의점은 이쪽에 있습니다.

______

3 미용실은 어느 쪽에 있습니까?

______

4 백화점은 저쪽에 있어요.

______

2-1

A: 실례합니다. 여기 화장실은 어디에 있어요?
すみません。ここってトイレはどこにありますか。

B: 저쪽에 있어요.
あちらにありあす。

A: 네? 어느 쪽이요?
はい？どちらですか。

B: 거기 맞은 편에 있어요.
そこの向かい側にあります。

A: 감사합니다.
ありがとうございます。

B: 아니에요. 별 말씀을요.
いいえ、どういたしまして。

2-2

A: 이건 뭐야?
これはなんなの？

B: 그건 연필이야.
それは鉛筆だよ。

A: 이 연필은 누구 거야?
この鉛筆はだれのなの？

B: 내 거야.
私のだよ。

A: 이 책은 누구 거야?.
この本はだれのなの？

B: 내 친구 거야.
私の友達のだよ。

*QRコードを読み込み、韓国語の書き取りをしてください。

A: ______________________________

B: ______________________________

A: ______________________________

B: ______________________________

A: ______________________________

B: ______________________________

A: ______________________________

B: ______________________________

A: ______________________________

B: ______________________________

A: ______________________________

B: ______________________________

韓国の結婚式の文化（参列）

1. 結婚式に多くの人を招待する
   異性の友達でも親しいなら招待します。
2. 招待客の服装
   男性はスーツ、女性はブラウス+スカートとかワンピースを着ます。
   （新婦以外は目立たないように白い服を着ません。）
3. 祝儀
   祝儀は基本3万ウォン、5万ウォン、10万ウォン。
4. 結婚のシーズン
   結婚のシーズンには週2回、月3～6回以上行く人もいます。
5. 結婚写真
   新郎新婦は野外撮影、スタジオ撮影、結婚式場の待機室での撮影があります。
6. 結婚式が終えたら綺麗な車に乗って新婚旅行に行く

3과

1. 침대 아래에 인형이 있습니다.
2. 침대 위에 인형이 있습니다.
3. 침대 위에 인형이 없습니다.
4. 침대 위에 인형이 있었습니까?

01 チムデ アレエ イニョンイ イッスムニダ
침대 아래에 인형이 있습니다.
ベッドの下に人形があります。

*いる/ある = 있다

位置を表す名詞

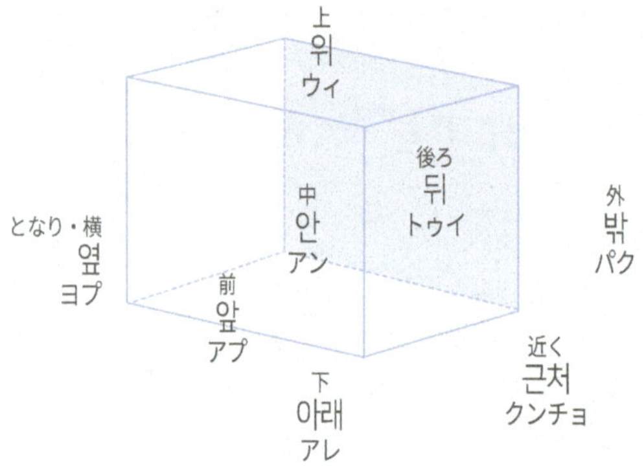

名詞+位置を表す名詞

「～の上」「～の外」「～の前」などのように位置を表す名詞はの(의)を使いません。

- 가방 안에 스마트폰이 있습니다.
  カバン アネ スマトゥポニ イッスムニダ
- 집 근처에 편의점이 있습니다.
  チプ クンチョエ ピョニジョミ イッスムニダ
- 연필은 지우개 옆에 있습니다.
  ヨンピルン チウゲ ヨペ イッスムニダ
- 뒤에 사람이 있습니다.
  トゥイエ サラミ イッスムニダ

・カバンの中にスマホがあります。
・家の近くにコンビニがあります。
・鉛筆は消しゴムの横にあります。
・後ろに人がいます。

単語

침대 ベッド
가방 カバン
스마트폰 スマホ
집 家
편의점 コンビニ
연필 鉛筆
지우개 消しゴム
사람 人

02 チムデ　ウィエ　イニョンイ　イッスムニダ
침대 위에 인형이 있습니다.
ベッドの上に人形があります。

「～がいます・～があります」

韓国の「～がいます・～があります」は人や動物、物などに構わず「있습니다」一つに統一されます。

A：강아지가 있습니까?
ガンアジガ イッスムニカ

B：네, 있습니다.
ネー、イッスムニダ

A：질문 있습니까?
チルムン イッスムニカ

B：네, 있습니다.
ネー、イッスムニダ

A：교통카드 있어요?
カドゥ イッソヨ

B：네, 있어요.
ネー、イッソヨ

A：와이파이 있어요?
ワイパイ イッソヨ

B：네, 있어요.
ネー、イッソヨ

A：子犬がいますか。　B：はい、います。
A：質問ありますか。　B：はい、あります。
A：交通カードありますか。　B：はい、あります。
A：Wi-Fiありますか。　B：はい、あります。

「～がいる・～がある」

「～がいます・～があります」のタメ語

A：약속 있어?
ヤクソク イッソ

B：응, 있어
ウン、イッソ

A：물 있어?
ムル イッソ

B：응, 있어
ウン、イッソ

A：남자친구 있어?
ナムジャチング イッソ

B：응, 있어
ウン、イッソ

A：約束ある？　B：うん、ある。
A：お水ある？　B：うん、ある。
A：彼氏いる？　B：うん、いる。

単語

강아지 子犬
질문 質問
교통카드 交通カード
와이파이 Wi-Fi
약속 約束
물 お水
남자친구 彼氏

03 チムデ ウィエ イニョンイ オプスムニダ 침대 위에 인형이 없습니다.

ベッドの上に人形がありません。

「～がいません・～がありません」

「～がいます・～があります」の否定

A：공원에 사람이 있습니까?
コンウォネ サラミ イッスムニカ

B：아니요, 없습니다.
アニヨ、オプスムニダ

A：펜이 있습니까?
ペンイ イッスムニカ

B：아니요, 없습니다.
アニヨ、オプスムニダ

A：충전기 있어요?
チュンジョンギ イッスムニカ

B：아니요, 없어요.
アニヨ、オプソヨ

A：시간 있어요?
シガン イッソヨ

B：아니요, 없어요.
アニヨ、オプソヨ

A：公園に人がいますか。 B：いいえ、いません。
A：ペンがありますか。 B：いいえ、ありません。
A：充電器ありますか。 B：いいえ、ありません。
A：時間ありますか。 B：いいえ、ありません。

「～がいない・～がない」

「～がいません・～がありません」のタメ語

A：교통카드 있어?
キョトンカドゥ イッソ

B：아니, 없어
アニ、オプソ

A：사진 있어?
サジン イッソ

B：아니, 없어
アニ、オプソ

A：여동생 있어?
ヨドンセン イッソ

B：아니, 없어
アニ、オプソ

A：交通カードある？ B：いや、ない。
A：写真ある？ B：いや、ない。
A：妹いる？ B：いや、いない。

単語

공원 公園
펜 ペン
충전기 充電器
시간 時間
밥 ご飯
교통카드 交通カード
사진 写真

04 チムデ　ウィエ　イニョンイ　イッソッスムニカ
침대 위에 인형이 있었습니까?
ベッドの上に人形がありましたか。

「〜がいました・〜がありました」

「〜がいます・〜があります」の過去形

A：동물원에 곰이 있었어요?
　トンムロォンエ コミ イッソッソヨ
B：네, 있었어요.
　ネー、イッソッソヨ

A：강남역에 화장실이 있었어요?
　カンナムヨゲ ファジャンシリ イッソッソヨ
B：네, 있었어요.
　ネー、イッソッソヨ

A：냉장고에 케찹이 있었어요?
　ネンジャンゴエ ケチャビ イッソッソヨ
B：네, 있었어요.
　ネー、イッソッソヨ

A：이유가 있었어요?
　イユガ イッソッソヨ
B：네, 있었어요.
　ネー、イッソッソヨ

A：動物園にクマさんがいましたか。
B：はい、いました。
A：江南駅にトイレがありましたか。
B：はい、ありました。
A：冷蔵庫にケチャップがありましたか。
B：はい、ありました。
A：理由がありましたか。
B：はい、ありました。

「〜がいませんでした・〜がありませんでした」

「〜がいます・〜があります」の過去否定形

A：공원에 강아지 없었어요?
　コンウォネ ガンアジ オプソッソヨ
B：네, 없었어요.
　ネー、オプソッソヨ

A：차에 저의 지갑이 있었어요?
　チャエ ジョエ チガビ イッソッソヨ
B：아니요, 없었어요.
　アニヨ、オプソッソヨ

A：무슨 일 있었어요?
　ムスン イル イッソッソヨ
B：아니요, 없었어요.
　アニヨ、オプソッソヨ

A：公園に子犬いませんでしたか。
B：はい、いませんでした。
A：車に私の財布がありましたか。
B：いいえ、ありませんでした。
A：何かあったんですか。
B：いいえ、ありませんでした。

単語

동물원 動物園
곰 クマ
강남역 江南駅
화장실 トイレ
냉장고 冷蔵庫
케찹 ケチャップ
이유 理由
공원 公園
강아지 子犬
차 車
지갑 財布

01

チプ ヨペ ピョニジョミ イッスムニダ
A 집 옆에 편의점이(가) 있습니다.

A 家のとなりにコンビニがあります。

①	ヨプ 옆	コンウォン 공원
②	トゥイ 뒤	ソジョム 서점
③	アプ 앞	コッチプ 꽃집
④	クンチョ 근처	カペ 카페

単語

편의점 コンビニ
공원 公園
서점 本屋
꽃집 花屋
카페 カフェ

02

カバン アネ チガビ イッスムニカ
A 가방 안에 지갑이 있습니까?

ネー、イッスムニダ
B 네, 있습니다.

A カバンの中に財布がありますか。

B はい、あります。

①	ヨプ 옆	ミョンハム 명함
②	トゥイ 뒤	ヨンスジュン 영수증
③	アプ 앞	カドゥ 카드
④	クンチョ 근처	ヘアドゥライア 헤어 드라이어

単語

지갑 財布
명함 名刺
영수증 領収証
카드カード
헤어 드라이어 ヘアドライヤー

03

A　チェクサン ウィエ チュンジョンギガ　イッスムニカ
책상 위에 충전기가(이) 있습니까?
A 机の上に充電器がありますか。

B　アニヨ、オプスムニダ
아니요, 없습니다.
B いいえ、ありません。

① ヨプ 옆　コウル 거울
② トゥイ 뒤　チャンムン 창문
③ アプ 앞　ウィジャ 의자
④ クンチョ 근처　ファジャンデ 화장대

単語

충전기 充電器
거울 鏡
창문 窓
의자 椅子
화장대 化粧台

04

A　コンウォネ シソガ イッソッソ
공원에 시소가(이) 있었어?
A 公園にシーソーがあったの?

① カペ 카페　スムディ 스무디
② ホテル 호텔　スヨンジャン 수영장
③ コッチプ 꽃집　ヘバラギ 해바라기
④ ノリゴンウォン 놀이공원　クァンラムチャ 관람차

単語

시소 シーソー
카페 カフェ
스무디 スムージー
호텔 ホテル
수영장 プール
꽃집 花屋
해바라기 ひまわり

練習問題

1 次の文章を読んで韓国語で書きなさい。

1 質問ありますか。

2 いいえ、ありません。

3 動物園に子犬がいましたか。

4 コンビニのとなりにカフェがあります。

2 次の文章を完成させなさい。

1 時間ある？

시간

2 時間ない。

시간

3 公園にひまわりがあった？

에 해바라기가

4 カバンの後ろに人形があった。

가방 인형이

練習問題

3 日本語の翻訳を参考にして＿＿中に正しい言葉を選んで書きなさい

1 엄마는 ＿＿ 에 있습니다. 母は部屋の中にいます。

2 인형은 ＿＿ 에 있습니다. 人形はとなりにあります。

3 책상 위에 ＿＿ 이 있습니다. 机の上に鏡があります。

4 ＿＿ 는 침대 위에 있습니다. 充電器はベッドの上にあります。

옆	충전기	방 안	거울

4 次の文章を日本語に直しなさい。

1 집 안에 수영장은 없어요.

＿＿＿＿＿＿＿＿

2 차에 강아지 없었어요?

＿＿＿＿＿＿＿＿

3 어제 집 앞에 고양이가 있었습니다.

＿＿＿＿＿＿＿＿

4 카페 근처에 없어.

＿＿＿＿＿＿＿＿

3-1

A: 집 근처에 편의점 있어요?
家の近くにコンビニありますか。

B: 아니요, 없어요.
いいえ、ありません。

A: 편의점에 충전기 있어요?
コンビニに充電器がありますか。

B: 네, 있어요.
はい。あります。

A: 편의점에 교통카드도 있어요?
コンビニに交通カードもありますか。

B: 네, 있어요.
はい。あります。

3-2

A: 차에 내 지갑이 있었어?
車に私の財布があったの？

B: 아니, 없었어.
ううん、なかったよ。

A: 그럼 내 가방 안에 지갑이 있었어?
じゃあ、カバンの中に私の財布があったの？

B: 아니, 가방에도 없었어.
ううん、カバンにもなかったよ。

A: 그럼 어디에 있었어?
じゃあ、どこにあったの？

B: 침대 아래에 있었어.
ベッドの下にあった。

*QRコードを読み込み、韓国語の書き取りをしてください。

A: ______________________________

B: ______________________________

A: ______________________________

B: ______________________________

A: ______________________________

B: ______________________________

A: ______________________________

B: ______________________________

A: ______________________________

B: ______________________________

A: ______________________________

B: ______________________________

韓国の国内の旅行先を調べてみましょう！

春川(춘천)

チュンチョン

春川はタッカルビが有名で、タッカルビ通りがあります。 タッカルビが好きなら是非行ってみてください。チュンチョンはソウルからITXという汽車または電車に乗って1~2時間で行ける地域で日帰り旅行もできるし、きれいな夜景を見ることができます。

慶州(경주)

キョンジュ

慶州(キョンジュ)は新羅(しらぎ)の天女の都で、ユネスコ世界文化遺産の仏国寺(プルグクサ)などの文化財がある地域です。とても綺麗で新羅時代の遺跡を沢山見られる所です。小学校の修学旅行の定番旅行地だと言えます。

全州(전주)

ジョンジュ

全州は後百済の都であり、ビビンバが有名で、韓屋、韓紙などの韓国文化がよく保存されている所です。全州には韓屋村があり、韓服をレンタルして着ることができます。あと、韓屋ゲストハウスに泊まると温かい床のオンドル部屋が体験できます。

済州島(제주도)

チェジュド

済州島は柑橘(ミカン)と黒豚が有名で、
韓半島の南海上にある韓国最大の火山島です。また、美しい自然景観が見られ、乗馬体験、みかん狩り体験などが可能です。
済州島には済州島の方言があります。
標準語と全く違いますので、ご参考ください。

4과

1. 나는 매일 책을 읽어요.
2. 거북이는 느려요.
3. 친구와 함께 공원을 걸어요.
4. 이 옷 어때요?

01 ナヌン　メイル　チェグル　イルゴヨ
나는 매일 책을 읽어요.
私は毎日本を読みます。

「-아요/-어요」ヘヨ体の作り方

1．語幹末の母音「ㅏ ㅑ ㅗ」は、「다」に「아」を付けます。

달다 → 달아요

얕다 → 얕아요

좋다 → 좋아요

2．語幹末が母音の用語は、「다」に「어」を付けます。

넓다 → 넓어요

읽다 → 읽어요

3．語幹末にパッチムがなく、語幹に接続する語尾によって、動詞が変化を起こします。

자다 → 자아 → 자요

서다 → 서어 → 서요

＊「ヘヨ体」は？
~です。~ます。の会話体

単語

달다 甘い
얕다 浅い
좋다良い
넓다 広い
읽다 読む
자다 寝る
서다, 멈추다 止まる

02 거북이는 느려요.

コブギヌン　ヌリョヨ

亀は遅いです。

4. 語幹末に「ㅏ ㅑ ㅗ」が付くと「아」、 それ以外だと「어」が付くのですが、 二重母音に変化できる文字は合成母音化します。

보다	→	보아	→	봐요
외우다	→	외우어	→	외워요
되다	→	되어	→	돼요
느리다	→	느리어	→	느려요

5. 「하다」用語は、「해」を付けます。

하다	→	해요
공부하다	→	공부해요
요리하다	→	요리해요

* 合成母音化が難しい方は早口で喋って見てください。

単語

거북이 亀
보다 見る
외우다 覚える
되다 なる
느리다 遅い
하다 する
공부하다 勉強する
요리하다 料理する

03 친구와 함께 공원을 걸어요.

チングワ　ハムケ コンウォヌル コロヨ

友達と一緒に公園を歩きます。

不規則「-아요/-어요」ヘヨ体の作り方

*特殊語幹

1. ㄹ語幹 ： 語幹末に「ㄹ」を持つ全ての動詞・形容詞

날다	→	날아요	졸다	→	졸아요
빌다	→	빌어요	멀다	→	멀어요

*特殊語幹

2. ㅡ語幹 ： 語幹末に「ㅡ」を持つ一部の動詞・形容詞

잠그다	→	잠가요	모으다	→	모아요
예쁘다	→	예뻐요	크다	→	커요

3. ㄷ変格 ： 語幹末に「ㄷ」を持つ一部の動詞

깨닫다	→	깨달아요	묻다	→	물어요
걷다	→	걸어요	듣다	→	들어요

4. ㅅ変格 ： 語幹末に「ㅅ」を持つ一部の動詞・形容詞

잇다	→	이어요	붓다	→	부어요
짓다	→	지어요	*낫다	→	나아요

*唯一の形容詞

単語

날다 飛ぶ
졸다 微睡む
빌다 祈る
멀다 遠い
잠그다 掛ける
모으다 集める
예쁘다 きれいだ
크다 大きい
깨닫다 悟る
묻다 問う
걷다 歩く
듣다 聞く
잇다 結ぶ
붓다 腫れる
짓다 建てる
낫다 勝る

04 이 옷 어때요?

イ　オッ　オッテヨ

この服どうですか。

不規則「-아요/-어요」ヘヨ体の作り方

5. ㅂ変格：語幹末に「ㅂ」を持つ一部の動詞・形容詞

가볍다	→	가벼워요	줍다	→	주워요
돕다	→	도와요	곱다	→	고아요

6. ㅎ変格：語幹末に「ㅎ」を持つ一部の形容詞

그렇다	→	그래요	어떻다	→	어때요
까맣다	→	까매요	빨갛다	→	빨개요

7. 르変格：語幹末に「르」を持つ一部の用言

바르다	→	발라요	모르다	→	몰라요
구르다	→	굴러요	흐르다	→	흘러요

8. 러変格：語幹末に「러」を持つ一部の動詞・形容詞

이르다	→	이르러요			
푸르다	→	푸르러요	누르다	→	누르러요

単語

가볍다 軽い
줍다 拾う
돕다 手伝う
곱다 麗しい
그렇다 そうだ
어떻다 どうだ
까맣다 黒い
빨갛다 赤い
바르다 塗る
모르다 知らない
구르다 転がる
흐르다 流れる
이르다 達する
푸르다 青い
누르다 黄色い

01

A チェグル イルゴヨ
책을 읽어요.

A 本を読みます。

① サラン 사랑 / ミッタ 믿다
② ピビンバプ 비빔밥 / モクタ 먹다
③ コン 공 / チャダ 차다
④ ムン 문 / タッタ 닫다

単語

읽다 読み
사랑 愛
믿다 信じる
먹다 食べる
공 ボール
차다 蹴る
문 ドア
닫다 閉める

02

A コブギルル キウォヨ
거북이를 키워요.

A 亀を飼います。

① ティビ TV / ボダ 보다
② ハンジャ 한자 / オェウダ 외우다
③ イウッ 이웃 / サランハダ 사랑하다
④ コピ 커피 / マシダ 마시다

単語

거북이 亀
키우다 飼う
신문 新聞
읽다 読む
한자 漢字
외우다 覚える
이웃 隣人
사랑하다 愛する
마시다 飲む

03

チングワ ハムケ コンウォンウル コロヨ
A 친구와 함께 공원을(를) 걸어요.　A 友達と一緒に公園を歩きます。

①	キムバプ 김밥	マルダ 말다
②	トン 돈	モウダ 모으다
③	パダ 바다	コッタ 걷다
④	ムル 물	プッタ 붓다

単語

김밥 キンパ
말다 巻く
돈 お金
모으다 貯める
바다 海
걷다 歩く
물 水
붓다 注ぐ

04

ハングリ スィウォヨ
A 한글이 쉬워요.　A ハングルが簡単です。

①	モム 몸	カビョプタ 가볍다
②	オルグル 얼굴	ッパルガタ 빨갛다
③	ムル 물	フルダ 흐르다
④	ハヌル 하늘	プルダ 푸르다

単語

몸 体
가볍다 軽い
얼굴 顔
빨갛다 赤い
물 水
흐르다 流れる
하늘 空
푸르다 青い

練習問題

1 次の文章を読んで韓国語で書きなさい。

1 甘いです。

2 読みます。

3 遠いです。

4 軽いです。

2 次の文章を完成させなさい。

1 私は毎日本を読みます。

저는 매일

2 冬は寒いです。

겨울은

3 音楽を聴きます。

음악을

4 これはどうですか？

이것은

練習問題

3 次の問題を見て 正しい文章に丸○を付けてください。

1 모르다.
- 몰러요.
- 몰라요.

2 듣다.
- 들어요.
- 듣어요.

3 춥다.
- 추워요.
- 춥어요.

4 次の文章を日本語に直しなさい

1 TV를 봐요.

______

2 날씨가 좋아요.

______

3 공원을 걸어요.

______

4 물이 흘러요.

______

4-1

A: 저는 매일 책을 읽어요.
私は毎日本を読みます。

B: 그래요? 매일 몇시에 자요?
そうですか。毎日何時に寝ますか。

A: 11시에 자요.
11時に寝ます。

B: 무슨 책을 읽어요?
どんな本を読みますか。

A: 소설책을 읽어요.
小説本を読みます。

B: 그래요? 저는 매일 공부를 해요.
そうですか。私は毎日勉強をします。

4-2

A: 이 옷은 어때?
この服はどう？

B: 너무 예뻐.
とても綺麗だよ。

A: 이 핸드폰은 어때?
この携帯はどう？

B: 너무 가벼워.
とても軽い。

A: 이 가방은 어때?
このカバンはどう？

B: 너무 커.
とても大きい。

*QRコードを読み込み、韓国語の書き取りをしてください。

A: ____________________

B: ____________________

A: ____________________

B: ____________________

A: ____________________

B: ____________________

A: ____________________

B: ____________________

A: ____________________

B: ____________________

A: ____________________

B: ____________________

韓国の独特な食べ物を調べてみましょう！

ダクバル
닭발 / 鳥の足

ポンデギ
번데기 / カイコサナギ

サンナクチ
산낙지 / 生タコのぶつ切り

スンデ
순대 / 豚の腸詰め

オリゴギ
오리고기 / カモ肉

ジョクバル
족발 / 豚の足

●二日酔いに効く食べ物

ッピョヘジャングク
뼈해장국 / 骨ヘジャングク

ドェジグクバプ
돼지국밥 / 豚肉クッパ

5과

1. 그 영화 봤어요?
2. 네, 재미있었어요.
3. 주인공을 사랑했어요?
4. 주인공은 예뻤어요?

01 그 영화 봤어요?

ク　ヨンファ　バッソヨ

その映画見ましたか。

「～でした、～ました」の作り方

語幹(最後の母音がㅏ、ㅗ)＋았어요(アッソヨ)
語幹(最後の母音がㅏ、ㅗ)＋았습니다(オッスムニダ)

● 보/다 ⇨ 보+았어요
(見る)　봤어요
⇨ 보+았습니다
봤습니다

*「보+아」は「봐」に合成母音化します。

● 좋/다 ⇨ 좋+았어요
(良い)　좋았어요
⇨ 좋+았습니다
좋았습니다

● 많/다 ⇨ 많+았어요
(多い)　많았어요
⇨ 많+았습니다
많았습니다

● 만나/다 ⇨ 만나+았어요
(会う)　만났어요
⇨ 만나+았습니다
만났습니다

*「ㅏ+아」このように同じ発音が二つある場合一つは省略されます。

● 화나/다 ⇨ 화나+았어요
(怒る)　화났어요
⇨ 화나+았습니다
화났습니다

● 빠르/다 ⇨ 빠르+았어요
(早い)　빨랐어요
⇨ 빠르+았습니다
빨랐습니다

*語幹の「르」が無くなり、変わりに「ㄹ라」か「ㄹ러」がつく

単語

봤어요 見ました
좋았어요 良かったです
많았어요 多かったです
만났어요 会いました
화났어요 怒りました
빨랐어요 早かったです

02 ネ、　チェミイッソッソヨ
네, 재미있었어요.
はい、面白かったです。

「～でした、～ました」の作り方

語幹(最後の母音がㅏ、ㅗ以外)+었어요(オッソヨ)
語幹(最後の母音がㅏ、ㅗ以外)+었습니다(オッスムニダ)

- 읽/다 (読む) ⇨ 읽+었어요
  읽었어요
  ⇨ 읽+었습니다
  읽었습니다

- 깊/다 (深い) ⇨ 깊+었어요
  깊었어요
  ⇨ 깊+었습니다
  깊었습니다

- 슬프/다 (悲しい) ⇨ 슬프+었어요
  슬펐어요
  ⇨ 슬프+었습니다
  슬펐습니다

- 마시/다 (飲む) ⇨ 마시+었어요
  마셨어요
  ⇨ 마시+었습니다
  마셨습니다

- 재미있/다 (面白い) ⇨ 재미있+었어요
  재미있었어요
  ⇨ 재미있+었습니다
  재미있었습니다

- 일어서/다 (立つ) ⇨ 일어서+었어요
  일어섰어요
  ⇨ 일어서+었습니다
  일어섰습니다

* 「ㅓ+어」このように同じ発音が二つある場合一つは省略されます。

単語

읽었어요 読みました
깊었어요 深かったです
슬펐어요 悲しかったです
마셨어요 飲みました
일어섰어요 立ちました
재미있었어요 面白かったです

03 주인공을 사랑했어요?

ジュインゴンウル　サランヘッソヨ

主人公を愛しましたか。

「～でした、～ました」の作り方

動詞・形容詞＋했어요(ヘッソヨ)
動詞・形容詞＋했습니다(ヘッスムニダ)

하다の変則活用

- 하/다 ⇨ 하+았어요, 었어요(X)
  (する) 하+였어요(O) = 하였어요
  = 했어요
  ⇨ 하+였습니다
  했습니다
- 일하/다 ⇨ 일하+였어요
  (働く) 일했어요
  ⇨ 일하+였습니다
  일했습니다
- 공부하/다 ⇨ 공부하+였어요
  (勉強する) 공부했어요
  ⇨ 공부하+였습니다
  공부했습니다
- 숙제하/다 ⇨ 숙제하+였어요
  (宿題する) 숙제했어요
  ⇨ 숙제하+였습니다
  숙제했습니다
- 이사하/다 ⇨ 이사하+였어요
  (引っ越しする) 이사했어요
  ⇨ 이사하+였습니다
  이사했습니다
- 사랑하/다 ⇨ 사랑하+였어요
  (愛する) 사랑했어요
  ⇨ 사랑하+였습니다
  사랑했습니다

単語

주인공 主人公
했어요 しました
일했어요 働きました
공부했어요 勉強しました
숙제했어요 宿題しました
이사했어요 引っ越しました
사랑했어요 愛しました

ジュインゴンウン　イェッポッソヨ

04 주인공은 예뻤어요?

主人公は綺麗でしたか。

「～でした、～ました」の作り方

語幹(最後の母音がㅏ、ㅗ)+았어요(アッソヨ)
語幹(最後の母音がㅏ、ㅗ以外)+었어요(オッソヨ)
語幹+았/었+습니다(スムニダ)

不規則、ㅡ語幹

- 예쁘/다 (綺麗だ) ⇨ 예쁘+었어요 예뻤어요 ⇨ 예쁘+었습니다 예뻤습니다
- 아프/다 (痛い) ⇨ 아프+았어요 아팠어요 ⇨ 아프+았습니다 아팠습니다

不規則、ㅂ変格

- 춥/다 (寒い) ⇨ 추우+었어요 추웠어요 ⇨ 추우+었습니다 추웠습니다
- 덥/다 (暑い) ⇨ 더우+었어요 더웠어요 ⇨ 더우+었습니다 더웠습니다

不規則、ㄷ変格

*「ㄷ」は「ㄹ」に変化します。

- 듣/다 (聞く) ⇨ 들+었어요 들었어요 ⇨ 들+었습니다 들었습니다
- 걷/다 (歩く) ⇨ 걸+었어요 걸었어요 ⇨ 걸+었습니다 걸었습니다

不規則、ㅎ変格

*ㅎが脱落して「ㅓ/ㅏ+ㅣ」が付きます。

- 하얗/다 (白い) ⇨ 하야 + ㅣ 하얘 + 였어요 하얬어요 ⇨ 하얘+였습니다 하얬습니다
- 빨갛/다 (赤い) ⇨ 빨가 + ㅣ 빨개 + 였어요 빨갰어요 ⇨ 빨개+였습니다 빨갰습니다

単語

예뻤어요 綺麗でした
아팠어요 痛かったです
추웠어요 寒かったです
더웠어요 暑かったです
들었어요 聞きました
걸었어요 歩きました
하얬어요 白かったです
빨갰어요 赤かったです

01

A 경치는(은) 좋았어요?
(キョンチヌン チョアッソヨ)

B 네, 좋았어요.
(ネー、 チョアッソヨ)

A 景色は良かったですか。

B はい、よかったです。

① 사람 (サラム)　많다 (マンタ)
② 엄마 (オムマ)　화나다 (ファナダ)
③ KTX (ケイティエクス)　빠르다 (ッパルダ)
④ 영화 (ヨンファ)　보다 (ボダ)

単語

사람 人
많다 多い
엄마 お母さん
화나다 怒る
빠르다 早い
영화 映画
보다 見る

02

A 어제는 뭐 했어요?
(オジェヌン ムォ ヘッソヨ)

B 책을(를) 읽었어요.
(チェグル イルッゴッソヨ)

A 昨日は何をしましたか。

B 本を読みました。

① 공부를 하다 (コンブルル ハダ)
② 숙제를 하다 (スクチェルル ハダ)
③ 청소를 하다 (チョンソルル ハダ)
④ 이사를 하다 (イサルル ハダ)

単語

공부를 하다 勉強をする
숙제를 하다 宿題をする
청소를 하다 掃除をする
이사를 하다 引っ越しをする

03

A クヨンファヌン オテッソヨ
그 영화는 어땠어요?

B チェミオプソッソヨ
재미없었어요.

A その映画はどうでしたか。

B 面白くなかったです。

① スルプダ
슬프다

② ムソプタ
무섭다

③ チェミイッダ
재미있다

④ ジュインゴンイ イェッポッダ
주인공이 예뻤다

単語

슬프다 悲しい
무섭다 怖い
재미있다 面白い

04

A チュウォッソヨ
추웠어요.

A 寒かったです。

① トゥッダ
듣다

② ハヤタ
하얗다

③ イェップダ
예쁘다

④ コッダ
걷다

単語

듣다 聞く
하얗다 白い
예쁘다 綺麗だ
걷다 歩く

練習問題

1 次の文章を読んで韓国語で書きなさい。

1 多かったです。

2 飲みました。

3 引っ越しました。

4 寒かったです。

2 次の文章を完成させなさい。

1 昨日は天気が良かったです。

어제는 날씨가

2 その本を読みました。

그 책을

3 週末も働きました。

주말에도

4 公園を歩きました。

공원을

練習問題

3 次の問題を見て 正しい文章に丸○を付けてください。

1 보다.
- 봤어요.
- 봤어요.

2 아프다.
- 아펐어요.
- 아팠어요.

3 돕다.
- 도와요.
- 도아요.

4 次の文章を日本語に直しなさい。

1 화났어요.

____

2 일어섰어요.

____

3 숙제했어요.

____

4 빨갰어요.

____

5-1

A: 어제는 뭐 했어요?
昨日は何しましたか。

B: 집에서 계속 잤어요.
家でずっと寝ました。

A: 계속 집에 있었어요?
ずっと家にいましたか。

B: 네. 어제는 머리가 아팠어요.
はい。昨日は頭が痛かったです。

A: 그래요? 오늘은 어때요? 괜찮아요?
そうですか。今日はどうですか。大丈夫ですか。

B: 네. 오늘은 약을 먹었어요.
はい。今日は薬を飲みました。

5-2

A: 어제는 뭐 했어?
昨日は何してた？

B: 친구를 만났어.
友達に会ってたよ。

A: 친구랑 어디로 갔었어?
友達とどこに行ってた？

B: 홍대로 갔었어.
ホンデに行ってたよ。

A: 사람은 많았어?
人は多かった？

B: 응. 엄청 많았어.
うん。とても多かった。

*QRコードを読み込み、韓国語の書き取りをしてください。

A: ____

B: ____

A: ____

B: ____

A: ____

B: ____

A: ____

B: ____

A: ____

B: ____

A: ____

B: ____

誕生日にはわかめスープ！

韓国では誕生日にわかめスープを食べます。
出産後や誕生日の日にわかめスープを食べる風習はかなり前から始まりました。

ワカメは血行の循環,鉄分,カルシウムが豊富で産婦に役立ちます。それによって産婦はワカメを食べて足りなくなった栄養素を補って、産婦と赤ちゃんの長寿を祈る慣習が今日にも続き、

ワカメスープを食べながら「母に出産の苦痛を忘れずに親孝行をしよう」という風習で 誕生日には象徴的にわかめスープを食べるのだそうです。

わかめスープ

6과

1. 나는 학원에 갑니다.
2. 친구는 학원에 가지 않아요.
3. 여름은 더웠어요.
4. 여름은 춥지 않았어요.

01 나는 학원에 갑니다.

ナヌン　ハグォネ　ガムニダ

私は塾に行きます。

「～します、～です」の作り方

語幹（パッチム無し）+ㅂ니다(ムニダ)
語幹（パッチム ㄹ(リウル)）+ㅂ니다(ムニダ)
語幹（パッチム有り *ㄹ(リウル) 以外）+습니다（スムニダ）

語幹（パッチム無し）+ㅂ니다（ムニダ）

예쁘다 → 예쁩니다

語幹（パッチム ㄹ(リウル)）+ㅂ니다（ムニダ）

놀다 → 놉니다

語幹（パッチム有り *ㄹ(リウル)以外）+습니다（スムニダ）

고맙다 → 고맙습니다

「ヘヨ体」の作り方

語幹（最後の母音がㅏ、ㅗ）+아요（アヨ）
語幹（最後の母音がㅏ、ㅗ以外）+어요（オヨ）

語幹（最後の母音がㅏ、ㅗ）+아요（アヨ）

괜찮다 → 괜찮아요

語幹（最後の母音がㅏ、ㅗ以外）+어요（オヨ）

재밌다 → 재밌어요

単語

예쁘다 綺麗だ
놀다 遊ぶ
고맙다 ありがとう
괜찮다 大丈夫だ
재밌다 面白い

02 チングヌン ハグォネ ガジ アナヨ
친구는 학원에 가지 않아요.
友達は塾に行きません。

「～しない」の作り方

「～しない」は二つがあります。"안~ , ~지 않다" で「～する」の否定表現です。

안＋動詞・形容詞

- 당근은 안 먹어요.
  タングヌン アン モゴヨ
- 오늘은 친구 안 만나요.
  オヌルン チング アン マンナヨ

・にんじんは食べません。
・今日は友達に会いません。

動詞・形容詞＋지 않다

語幹（パッチム無し）＋ㅂ니다 (ムニダ)
語幹（パッチム ㄹ(リウル)）＋ㅂ니다 (ムニダ)
語幹（パッチム有り *ㄹ(リウル) 以外）＋습니다（スムニダ)

- 학원에 가지 않아요.
  ハグォネ ガジ アナヨ
- 술은 마시지 않아요.
  スルン マシジ アナヨ
- 복도에서는 뛰지 않습니다.
  ポクトエソヌン ッティジ アン スムニダ

・塾に行きません。
・お酒は飲みません。
・廊下では走らないです。

単語

당근 にんじん
친구 友達
학원 塾
술 お酒
복도 廊下
뛰다 走る

03 ヨルムン　ドウォッソヨ
여름은 더웠어요.
夏は暑かったです。

「でした、ました、かったです」過去形の作り方

動詞や形容詞の過去形になります。

・초콜렛은 달았어요.
チョコレスン ダラッソヨ = チョコレートは甘かったです。

・물은 얕았어요.
ムルン ヤタッソヨ = 水は浅かったです。

・너무 좋았어요.
ノム チョアッソヨ = とても良かったです。

・내 방은 넓었어요.
ネ バンウン ノルボッソヨ = 私の部屋は広かったです。

・새는 하늘을 날았어요.
セヌン ハヌルル ナラッソヨ = 鳥は空を飛びました。

・학교는 너무 멀었어요.
ハッギョヌン ノム モロッソヨ = 学校はとても遠かったです。

・컵에 물을 부었어요.
コベ ムルル ブオッソヨ = カップに水を注ぎました。

・쓰레기를 주웠어요.
ッスレギルル ジュオッソヨ = ゴミを拾いました。

・로션을 발랐어요.
ロショヌル バンラッソヨ = ローションを塗りました。

*
「ヘヨ体」の 過去形の作り方は？
아요/어요/여요に~ㅆ어요が付きます。

単語

달다 甘い
얕다 浅い
좋다 良い
넓다 広い
날다 飛ぶ
멀다 遠い
붓다 注ぐ
줍다 拾う
바르다 塗る

04

ヨルムン　チュプジ アナッソヨ

여름은 춥지 않았어요.

夏は寒くありませんでした。

「〜しませんでした」の作り方

「〜しませんでした」は「くない」と同じく“안~、~지 않다”を使って文章を作れ、「する」の過去不定表現です。

안＋動詞・形容詞の過去不定形

- 당근은 안 먹어요.
  タングヌン アン モゴヨ
- 오늘은 친구 안 만나요.
  オヌルン チング アン マンナヨ

・にんじんは食べませんでした。
・今日は友達に会いませんでした。

~지 않다 ＋ 動詞・形容詞の過去不定形

- 학원에 가지 않았어요.
  ハグォネ ガジ アナッソヨ
- 술은 마시지 않았습니다.
  スルン マシジ アナッスムニダ
- 복도에서는 뛰지 않았습니다.
  ポクトエソヌン ッティジ アナッスムニダ

・塾に行きませんでした。
・お酒は飲みませんでした。
・廊下では走りませんでした。

単語

당근 にんじん
친구 友達
학원 塾
술 お酒
복도 廊下

01

ギチャガ ッパルムニダ
A 기차가(이) 빠릅니다.

A 汽車が早いです。

チャドンチャ
① 자동차
コブギ
② 거북이
タル
③ 달
カバン
④ 가방

モッチダ
멋지다
ヌリダ
느리다
アルムダプダ
예쁘다
ムゴプタ
무겁다

単語

기차 汽車
자동차 自動車
멋지다 格好いい
느리다 遅い
달 月
가방 カバン
무겁다 重い

02

チョニョ ヒムドゥルジ アナ
A 전혀 힘들지 않아.

A 全然大変じゃない。

キップダ
① 기쁘다
コマプタ
② 고맙다
チュルゴプタ
③ 즐겁다
ミアナダ
④ 미안하다

単語

기쁘다 嬉しい
고맙다 ありがたい
즐겁다 楽しい
미안하다 すまない

03

A 초콜렛은(는) 달았어요.
(チョコレスン ダラッソヨ)

A チョコレートは甘かったです。

① 물 (ムル) 얕다 (ヤッタ)
② 새 (セ) 하늘을 날다 (ハヌルル ナルダ)
③ 여름 (ヨルム) 덥다 (トプタ)
④ 공원 (コンウォン) 넓다 (ノルタ)

単語

달다 甘い
물 お水
얕다 浅い
새 鳥
하늘 空
날다 飛ぶ
여름 夏
덥다 暑い
넓다 広い

04

A 어제는 학원에 가지 않았습니다.
(オジェヌン ハグォネ ガジ アナッスムニダ)

A 昨日は塾に行きませんでした。

① TV를 보다 (ティビルル ボダ)
② 음악을 듣다 (ウマグル ドゥッダ)
③ 숙제를 하다 (スクチェルル ハダ)
④ 커피를 마시다 (コピルル マシダ)

単語

TV テレビ
보다 見る
음악 音楽
듣다 聞く
숙제 宿題
커피 コーヒー
마시다 飲む

練習問題

1 次の文章を読んで韓国語で書きなさい。

1 遊びます。

2 今日は友達に会いません。

3 ローションを塗りました。

4 今日は友達に会いませんでした。

2 次の文章を完成させなさい。

1 私は塾に行きます。

나는

2 にんじんは食べません。

당근은

3 ごみを拾いました。

쓰레기를

4 塾に行きませんでした。

학원에

練習問題

3 次の問題を見て 正しい文章に丸○を付けてください。

1
- 당근은 안 먹었어요.
- 당근은 언 먹었어요.

2
- 쓰레기를 줍었습니다.
- 쓰레기를 주웠습니다.

3
- 오늘은 친구 언 만나요.
- 오늘은 친구 안 만나요.

4 次の文章を日本語に直しなさい。

1 복도에서는 뛰지 않습니다.

2 술은 마시지 않아요.

3 공원은 넓었습니다.

4 여동생은 나보다 어려요.

6-1

A: 오늘은 학원으로 가요?
今日は塾に行きますか。

B: 아니요. 오늘은 학원으로 안 가요.
いいえ、今日は塾に行きません。

A: 진짜요? 좋겠네요.
本当ですか。いいですね。

B: 네. 송희씨는 오늘 친구를 안 만나요?
はい。ソンヒさんは今日友達に会いませんか。

A: 네. 안 만나요.
はい。会いません。

B: 저도 안 만나요.
私も会いません。

6-2

A: 어제는 뭐 했어?
昨日は何してた？

B: 뒹굴 뒹굴 했어.
ゴロゴロしてたよ。

A: 학교는 안 갔어?
学校は行かなかったの？

B: 응. 안 갔어.
はい。行かなかったよ。

A: 어제도 저녁으로 치킨을 먹었어?
昨日も夕食でチキンを食べた？

B: 아니. 어제는 저녁으로 치킨을 안 먹었어.
ううん、昨日は夕食でチキンを食べなかったよ。

*QRコードを読み込み、韓国語の書き取りをしてください。

A: ________________

B: ________________

A: ________________

B: ________________

A: ________________

B: ________________

A: ________________

B: ________________

A: ________________

B: ________________

A: ________________

B: ________________

韓国のことわざ①

ハナルル　ボゴ　ヨルル　アンダ
"하나를 보고 열을 안다."
一を見て十（全体）を知る。

ハナマン　アルゴ　ドゥルン モルンダ
"하나만 알고 둘은 모른다."
一を知って、二を知らず。知識や見識が狭く、浅い。

ガヌン　マリ　ゴワヤ　オヌン　マルド　ゴプダ
"가는 말이 고와야 오는 말도 곱다."
行く言葉がきれいなら、来る言葉もきれいだ
日本語の「売り言葉に買い言葉」という言葉と、
まさにその反対の意味の言葉です。

ッ トィヌン　ノム　ウィエ　ナヌン　ノミ　イッダ
"뛰는 놈 위에 나는 놈이 있다."
走る者の上に飛ぶ者がいる。上には上がある。

ギムチッグクブト　マシンダ
"김칫국부터 마신다."
キムチの汁から先に飲む。
日本語で「早合点する、とらぬ狸の皮算用、物事の順番を違える」

ヌウォソ ットクモッキ
"누워서 떡먹기"
横になって餅を食べる。朝飯前のお茶漬け=とても簡単だということ。

7과

1. 나는 강아지를 좋아해.
2. 저는 고양이를 좋아해요.
3. 저는 고양이를 안 좋아해요.
4. 고양이는 싫어.

01 ナヌン　ガンアジ ルル　ジョアへ
나는 강아지를 좋아해.
私は子犬が好き。

「好き」の 좋다

韓国語の助詞「～が」は「이·가」となりますが、動詞の文章の場合「을·를」となります。

- 나는 커피를 좋아해.
  ナヌン コピルル ジョアへ
- 나는 쇼핑을 좋아해.
  ナヌン ショピンウル ジョアへ
- 나는 맛있는 음식을 먹는 것을 좋아해.
  ナヌン マシンヌン ウムシグル モンヌンゴスル ジョアへ

・私はコーヒーが好き。
・私は買い物が好き。
・私は美味しい食べ物を食べるのが好き。

*

「～が好き」という文章を作るとき「～が」の助詞「이·가」は使えません。「～を」の助詞「을·를」を使います。

「良い」の 좋다

意味は「良い」「優れている」となります。

- 기분이 좋아.
  キブニ ジョア
- 날씨가 너무 좋아.
  ナルッシガ ノム ジョア
- 운동은 건강에 좋아.
  ウンドンウン ゴンガンエ ジョア

・気分が良い。
・とてもいい天気だね。
・運動は健康に良い。

単語

커피 コーヒー
쇼핑 買い物
맛있다 美味しい
음식 食べ物
먹다 食べる
기분 気分
날씨 天気
너무 とても
운동 運動
건강 健康

02 저는 고양이를 좋아해요.

ジョヌン コヤンイ ルル　ジョアヘヨ

私は猫が好きです。

「好きです」の 좋아합니다/좋아해요

韓国語の助詞「〜が」は「이·가」となりますが、動詞の文章の場合「을·를」となります。

- 저는 K-POP을 좋아해요.
  ジョヌン ケイパブル ジョアヘヨ
- 저는 게임을 좋아해요.
  ジョヌン ゲイムウル ジョアヘヨ
- 저는 친구와 여행하는 것을 좋아해요.
  ジョヌン チングワ ヨヘンハヌンゴスル ジョアヘヨ

・私はK-POPが好きです。
・私はゲームが好きです。
・私は友達と旅行するのが好きです。

*
名詞(パッチム有り)= 을
名詞(パッチム無し)= 를

「良いです」の 좋습니다/좋아요

意味は「良い」「優れている」となります。

- 공기가 좋아요.
  ゴンギガ ジョアヨ
- 머리가 좋네요.
  モリガ ジョンネヨ
- 이것 좋아요?
  イゴッ ジョアヨ？

・空気が良いです。
・頭がいいですね。
・これ良いですか。

*
「良いです」は日本と同じく相手の提案を断る時にも使われます。
괜찮아요. または 됐어요.
ケンチャナヨ　　デッソヨ

単語

고양이 猫
게임 ゲーム
친구 友達
여행 旅行
공기 空気
머리 頭
이것 これ

03 저는 고양이를 안 좋아해요.

チョヌン ゴヤンイルル アン ジョアヘヨ

私は猫が好きじゃないです。

「好きじゃない」の 안좋아하다/안좋아해

「好きです」の否定「好きじゃないです」

- 저는 고양이를 안 좋아해요.
  ジョヌン コヤンイルル アン ジョアヘヨ
- 저는 케이크를 안 좋아해요.
  ジョヌン ケイクルル アン ジョアヘヨ
- 나는 만화를 안 좋아해.
  ナヌン マンファルル アン ジョアヘ
- 나는 운동을 안 좋아해.
  ナヌン ウンドンウル アン ジョアヘ

・私は猫が好きじゃないです。
・私はケーキが好きじゃないです。
・私は漫画が好きじゃない。
・私は運動が好きじゃない。

「良くない」の 안 좋다/좋지 않다

「良いです」の否定「良くないです」

- 몸이 안 좋아요.
  モミ アン ジョアヨ
- 좋지 않은 표현이에요.
  チョチ アヌン ピョヒョンイエヨ
- 상황이 안 좋아.
  サンファンイ アン ジョア

・体調が良くないです。
・良くない表現ですよ。
・状況が良くない。

*

名詞(パッチム有り)＝을
名詞(パッチム無し)＝를

単語

케이크 ケーキ
만화 漫画
운동 運動
표현 表現
상황 状況

04 コヤンイヌン シロ 고양이는 싫어.

猫は嫌い。

「嫌い」の 싫다

「好きです」の反対「嫌いです」

- 저는 청소가 싫어요.
  ジョヌン チョンソガ シロヨ
- 공포 영화는 싫어요.
  コンポ ヨンファヌン シロヨ
- 나는 담배가 싫어.
  ナヌン タンベガ シロ
- 야채는 싫어.
  ヤチェヌン シロ

・私は掃除が嫌いです。
・私はホラー映画は嫌いです。
・私はタバコが嫌い。
・野菜は嫌い。

「~のが嫌だ」＝「~したくない」の ~는것이 싫어/하기 싫어

「動詞＋するのが嫌だ」、「動詞＋～したくない」

- 약을 먹는 것이 싫어요.
  ヤグル モンヌンゴシ シロヨ
- 병원에 가는 것이 싫어요.
  ピョンウォネ ガヌンゴシ シロヨ
- 아무것도 하기 싫어요.
  アムゴット ハギ シロヨ
- 청소하기 싫어.
  チョンソハギ シロ

・薬を飲むのが嫌いです。
・病院に行くのが嫌いです。
・何もしたくないです。
・掃除したくない。

単語

청소 掃除
담배 タバコ
영화 映画
야채 野菜
병원 病院
아무것도 何も
약을 먹다 薬を飲む

01

A ジョヌン コヤンイルル ジョアヘヨ
저는 고양이를(을) 좋아해요.

A 私は猫ちゃんが好きです。

① ショピン
쇼핑

② チェク
책

③ ヨンファ
영화

④ ヨヘン
여행

単語

쇼핑 ショッピング
책 本
영화 映画
여행 旅行

02

A キブンイ ジョアヨ
기분이(가) 좋아요.

A 気分が良いです。

① キョンチ
경치

② モリ
머리

③ サイ
사이

④ マッ
맛

単語

경치 景色
머리 頭
사이 仲
맛 味

03

A　タンベ ネムセガ シロヨ
담배 냄새가(이) 싫어요.

A タバコの匂いが嫌いです。

① コンブ 공부
② ヤチェ 야채
③ メウン ウムシク 매운 음식
④ ウンドン 운동

単語

공부 勉強
야채 野菜
매운 음식 辛い料理
운동 運動

04

A　チョンソハヌン ゴシ シロヨ
청소 하는 것이 싫어요.

A 掃除するのが嫌いです。

① センガカダ 생각하다
② ノレハダ 노래하다
③ バブル モックタ 밥을 먹다
④ ハッキョエ ガダ 학교에 가다

単語

생각하다 考える
노래하다 歌う
상상도 想像も
아무것도 何にも

練習問題

1 次の文章を読んで韓国語で書きなさい。

1 気分がいい。

2 私は友達と旅行するのが好きです。

3 体調が良くないです。

4 病院に行くのが嫌いです。

2 次の文章を完成させなさい。

1 私はイチゴが好きです。

저는 딸기

2 何が好きですか。

무엇을

3 頭がいいですね。

머리가

4 良くない表現です。

표현이에요.

練習問題

3 日本語の翻訳を参考にして ______ 中に正しい言葉を選んで書きなさい

1 엄마가 만든 ______ 는 맛이 좋습니다. ← 母が作った料理は味がいいです。

2 그 ______ 은 좋지 않아요. ← その状況は良くないです。

3 저는 ______ 를 좋아해요. ← 私はケーキが好きです。

4 친구는 ______ 을 안 좋아해요. ← 友達は運動が好きじゃないです。

상황　케이크　요리　운동

4 次の文章を日本語に直しなさい。

1 엄마는 여행을 좋아해요.

______

2 운동은 건강에 좋아요.

______

3 담배 냄새를 싫어해요.

______

4 공부하는 것이 싫어요.

______

7-1

A: 강아지를 좋아해요?
子犬が好きですか。

B: 네. 엄청 좋아해요.
はい。とても好きです。

A: 고양이는 좋아해요?
猫は好きですか。

B: 아니요. 고양이는 싫어해요.
いいえ、猫は嫌いです。

A: 저도 고양이는 안 좋아해요.
私も猫はあまり好きじゃないです。

B: 그래요? 몰랐어요.
そうですか。知りませんでした。

7-2

A: 너는 쇼핑을 좋아해?
君は買い物が好きなの？

B: 응. 좋아해. 너는?
うん、好き。君は？

A: 나도 쇼핑을 엄청 좋아해.
私も買い物がとても好きだよ。

B: 걷는 것도 좋아해?
歩くのも好き？

A: 아니. 걷는 것은 안 좋아해.
ううん、歩くのは好きじゃない。

B: 나도 걷는 것은 싫어 .
私も歩くのは嫌い。

*QRコードを読み込み、韓国語の書き取りをしてください。

A: ______________________________

B: ______________________________

A: ______________________________

B: ______________________________

A: ______________________________

B: ______________________________

A: ______________________________

B: ______________________________

A: ______________________________

B: ______________________________

A: ______________________________

B: ______________________________

韓国のことわざ②

ヌネヌン ヌン イエヌン イ
"눈에는 눈 이에는 이"
目には目、歯には歯。
やられたらやり返し、倍返し。

シルペヌン ソンゴンエ オモニ
"실패는 성공의 어머니"
失敗は成功の母
失敗は成功のもとだ。

ゴムン モリ パップリ ドェドロク
"검은 머리 파뿌리 되도록"
黒髪がネギの白根のようになるまで。
結婚するときに「夫婦が共白髪まで仲良く一緒に暮らす」の意味でよく使われている。

ゴセン ックッテ ナギ オンダ
"고생 끝에 낙이 온다."
苦るしい事の後には楽しい事と楽が来る。
楽あれば苦あり、苦は楽の種。

ドゥリ モクダガ ハナガ ジュゴド モルゲッダ
"둘이 먹다가 하나가 죽어도 모르겠다."
二人で食べているうちに、一人が死んでも気づかない。
隣で一緒に食べていた人が死んでも気づかないほど、味が美味しい。

8과

1. 나는 매일 책을 읽는다.
2. 열심히 공부합시다.
3. 주말에 놀이공원 갈까요?
4. 내일 같이 영화 보지 않을래요?

01 나는 매일 책을 읽는다.

ナヌン　メイル　チェグル　イルッヌンダ

私は毎日本を読む。

動詞基本形と動詞現在形の使い分け

パッチム有りは「는다(ヌンダ)」、パッチム無しは「ㄴ다(ンダ)」動詞の語幹に付けます。

基本形	現在形	読み
읽다 (読む)	읽는다	イルッヌンダ
보다 (見る)	본다	ボンダ
먹다 (食べる)	먹는다	モクヌンダ
마시다 (飲む)	마신다	マシンダ
만나다 (会う)	만난다	マンナンダ

- 나는 TV를 본다.
  ナヌン ティビルル ボンダ
- 나는 매일 신문을 읽는다.
  ナヌン メイル シンムヌル イルッヌンダ
- 점심에 커피를 마신다.
  チョムシメ コピルル マシンダ
- 저녁에 고기를 먹는다.
  チョニョゲ ゴギルル モクヌンダ
- 저녁에 친구를 만난다.
  チョニョゲ チングルル マンナンダ

・私はテレビを見る。
・私は毎日新聞を読む。
・お昼にコーヒーを飲む。
・夕方に肉を食べる。
・夕方に友達に会う。

単語

TV テレビ
신문 新聞
책 本
지금 今
커피 コーヒー
점심 お昼
고기 お肉
저녁 夕方

02 열심히 공부합시다.

ヨルシミ　ゴンブハプシダ

一生懸命に勉強しましょう。

(し)ましょうは？

「ㄹ」以外の終声のある動詞の語幹について、動詞間で共に行動するよう誘う時に用いる終結語尾を表す。

基本形	現在形	読み	意味
*듣다（聞く）	들읍시다	トゥルプシダ	聞きましょう
가다（行く）	갑시다	カプシダ	行きましょう
앉다（座る）	앉읍시다	アンズプシダ	座りましょう
뛰다（走る）	뜁시다	ッティプシダ	走りましょう
하다（する）	합시다	ハプシダ	しましょう

- 빨리 갑시다.
  ッパルリ ガプシダ
  ・早く行きましょう。
- 약속 합시다.
  ヤクソク ハプシダ
  ・約束しましょう。

しよう(おう)は？

(し)ましょうのため口表現で、パッチム有り・無しに関わらず「자」を付けます。

基本形	～よ(お)うよ	読み	意味
듣다（聞く）	듣자	トゥッチャ	聞こうよ
가다（行く）	가자	ガジャ	行こうよ
앉다（座る）	앉자	アンチャ	座ろうよ
뛰다（走る）	뛰자	ッティジャ	走ろうよ
하다（する）	하자	ハジャ	しようよ

- 노래를 듣자.
  ノレルル トゥッチャ
  ・歌を聴こうよ。
- 여기에 앉자.
  ヨギエ アンチャ
  ・ここに座ろうよ。

*ㄷ不規則は？
「듣」のパッチム「ㄷ」が「ㄹ」に変わります。

*パッチム有り：~읍시다
パッチム無し：~ㅂ시다.
へヨ体：~요も使えます。

単語

빨리 早く
약속 約束
노래 歌
여기 ここ

03
チュマレ　ノリゴンウォン ガルカヨ
주말에 놀이공원 갈까요?
週末に遊園地行きましょうか。

(し)ましょうかは？

動詞と一緒に使われて相手に意見や考えを聞いて提案する疑問形の終結語尾を表す。

基本形	現在形	読み	意味
듣다（聞く）	들을까요?	トゥルルカヨ	聞きましょうか
가다（行く）	갈까요?	ガルカヨ	行きましょうか
앉다（座る）	앉을까요?	アンズルカヨ	座りましょうか
뛰다（走る）	뛸까요?	ッティルカヨ	走りましょうか
하다（する）	할까요?	ハルカヨ	しましょうか

・슬슬 집에 갈까요?
スルスル ジベ ガルカヨ
・そろそろ家に帰りましょうか。

・여기에 앉을까요?
ヨギエ アンズルカヨ
・ここに座りましょうか。

しよう(よう)かは？

ましょうかのため口表現です。

基本形	現在形	読み	意味
듣다（聞く）	들을까?	トゥルルカ	聞こうか
가다（行く）	갈까?	ガルカ	行こうか
앉다（座る）	앉을까?	アンズルカ	座ろうか
뛰다（走る）	뛸까?	ッティルカ	走ろうか
하다（する）	할까?	ハルカ	しようか

・밥 먹을까?
パプ モグルカ
・ご飯食べようか。

・숙제할까?
スクチェハルカ
・宿題しようか。

*パッチム有り：~을까요?, ~을래요?
パッチム無し：~ㄹ까요?, ~ㄹ래요?

*가다「行く、帰る」
どっちも使えますが、
家に帰る時は
「집에 갈까요?
（＝家に帰りましょうか）」
のように使います。

*(し)ますか？と(し)ましょうか？は
ニュアンスは少し違っても韓国語では
同じ意味なのでどちらも、
「~을까요?」「~을래요?」を使います

*パッチム有り：~을까?
パッチム無し：~ㄹ까?

単語

슬슬 そろそろ
가다, 돌아가다 帰る
밥 ご飯
숙제 宿題

04 ネイル　ガチ　ヨンファボルレヨ
내일 같이 영화볼래요?
明日一緒に映画見ませんか。

(し)ませんかは？

「(し)ませんか」のため口表現で、韓国語では否定文より肯定文の方が自然です。

- 같이 저녁 먹지 않을래요? → 같이 저녁 먹을래요?
  ガチ チョニョク モクジ アヌルレヨ
- 도서관에서 공부하지 않을래요? → 도서관에서 공부할래요?
  トソグァネソ ゴンブハジ アヌルレヨ
- 저녁으로 김밥 먹지 않을래요? → 저녁으로 김밥 먹을래요?
  チョニョグロ キムパブル モクジ アヌルレヨ

・一緒に夕食食べませんか。
・図書館で勉強しませんか。
・夕食でキンパ食べませんか。

* (し)ませんか ~지 않을래요?

(し)ないかは？

「(し)ませんか」ように不定形で相手に聞く疑問形だけど韓国語では不定文より肯定文の方が自然です。

- 같이 저녁 안 먹을래? → 같이 저녁 먹을래?
  ガチ チョニョク アン モグルレ　ガチ チョニョク モグルレ
- 도서관에서 공부 안 할래? → 도서관에서 공부할래?
  トソグァネソ ゴンブ アン ハルレ　トソグァネソ ゴンブハルレ
- 저녁으로 김밥 안 먹을래? → 저녁으로 김밥 먹을래?
  チョニョグロ キムパブ アン モグルレ　チョニョグロ キムパブ モグルレ

・一緒に夕食食べない？
・図書館で勉強しない？
・夕食でキンパ食べない？

* (し)ないか 안 ~을래?/ 안 ~ㄹ래?
  ~을래?/~ㄹ래?

単語

같이 一緒に
저녁(밥) 夕食
공부 勉強
도서관 図書館
김밥 キンパ

01

チングラン ティビルル ボンダ
A 친구랑 TV를 본다.

A 友達とテレビを見る。

チェグル イクッタ
① 책을 읽다
コピルル マシダ
② 커피를 마시다
コギルル モクタ
③ 고기를 먹다
チョニョゲ マンナダ
④ 저녁에 만나다

単語

책 本
읽다 読む
커피 コーヒー
마시다 飲む
고기 肉
먹다 食べる
저녁 夕方
만나다 会う

02

ッパルリ ガプシダ
A 빨리 갑시다.
ネー、グロプシダ
B 네, 그럽시다!

A 早く行きましょう。

B はい、そうしましょう!

アンタ
① 앉다
ッティダ
② 뛰다
ハダ
③ 하다
モクタ
④ 먹다

単語

앉다 座る
뛰다 走る

03

A ヨギエ アンズルカヨ
여기에 앉을까요?

B ネー、 チョアヨ
네, 좋아요.

A ここに座りましょうか。

B はい、いいですよ。

① スルスル ジベ ガダ
슬슬 집에 가다

② スルスル ゴンブハダ
슬슬 공부하다

③ スルスル バブル モクタ
슬슬 밥을 먹다

④ ノレルル ドゥッタ
노래를 듣다

単語

슬슬 そろそろ
듣다 聞く

04

A ネイル ガチ ヨンファ ボルレヨ
내일 같이 영화 볼래요?

B ネー、チョアヨ
네, 좋아요.

A 明日一緒に映画を見ませんか。

B はい、いいですよ。

① チョニョク モクタ
저녁 먹다

② トソグァネソ ゴンブハダ
도서관에서 공부하다

③ キンパブル モクタ
김밥을 먹다

④ コピルル マシダ
커피를 마시다

単語

도서관 図書館
공부하다 勉強する

練習問題

1 次の文章を読んで韓国語で書きなさい。

1 お昼にコーヒーを飲む。

2 約束しましょう。

3 ご飯食べようか。

4 図書館で勉強しませんか。

2 次の文章を完成させなさい。

1 夕方に友達に会う。

저녁에 친구를

2 歌を聴こうか。

노래

3 映画見ようか。

영화

4 夕飯でキンパを食べませんか。

저녁으로 김밥을

練習問題

3 次の問題を見て 正しい文章に丸○を付けてください。

1
- 저녁에 고기를 먹은다.
- 저녁에 고기를 먹는다.

2
- 여기에 앉하.
- 여기에 앉자.

3
- 같이 저녁 먹지 않아?
- 같이 저녁 먹을래?

4 次の文章を日本語に直しなさい。

1 나는 매일 신문을 읽는다.

______

2 한국어 공부하자.

______

3 숙제할까?

______

4 같이 영화 안 볼래?

______

8-1

A: 저녁으로 김밥을 먹을래요?
夕食でキンパを食べませんか。

B: 김밥은 별로 안 좋아해요. 파스타는 어때요?
キンパはあまり好きじゃありません。パスタはどうですか。

A: 파스타도 좋네요!
パスタもいいですね。

B: 무슨 파스타를 좋아해요?
どんなパスタが好きですか。

A: 까르보나라를 좋아해요.
カルボナーラが好きです。

B: 그럼 까르보나라 먹어요!
じゃあ、カルボナーラ食べましょう！

8-2

A: 밥 먹을까?
ご飯食べようか？

B: 응. 뭐 먹지?
うん、何食べる？

A: 삼겹살은 어때?
サムギョプサルはどう？

B: 응. 좋아!
うん、いいよ！

A: 어디로 갈까?
どこに行こうか。

B: 홍대로 가자!
ホンデに行こう！

*QRコードを読み込み、韓国語の書き取りをしてください。

A: ______________________________

B: ______________________________

A: ______________________________

B: ______________________________

A: ______________________________

B: ______________________________

A: ______________________________

B: ______________________________

A: ______________________________

B: ______________________________

A: ______________________________

B: ______________________________

オンドルは？

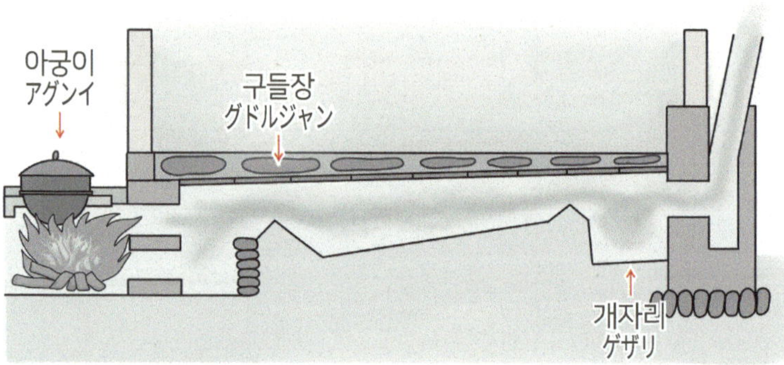

- 部屋の床に石を敷き(グドルジャン)を、かまどに火をつけて石を温めて部屋を温める。
- 火を焚く焚き口(アグンイ)、焚き口から出た熱が伝わってくるオンドル、熱が速く抜けるのを防ぐゲザリ、煙が通じる煙道(ヨンド)、そして煙を排出する煙突で構成されていて、オンドル部屋は夏は涼しく、冬は暖かい。

- 昔から今まで改良され続け、最近はオンドルではなく温水パイプを埋めて床を温める方法として、アパートの暖房にも広く使われている。
- 韓国のほとんどの家では冬に暖房機をつけなくても良い。 ボイラーで家の温度調節と水の温度が調節できるため、冬でも暖かく生活できる。

9과

1. 이것은 책상이고, 그것은 가방입니다.
2. 밥도 먹지 않고 잤습니다.
3. 배고파서 잠이 안 와요.
4. 영화는 좋아하지만 드라마는 싫어해요.

01 イゴスン　チェクサンイゴ、クゴスン　カバンイムニダ
이것은 책상이고, 그것은 가방입니다.
これは机で、それはかばんです。

「고」の使い分け

2つ以上の事実を対等に羅列する場合。

名詞「で」

- 이것은 커피고, 그것은 쿠키입니다.
  イゴスン コピゴ、クゴスン クキイムニダ

- 이것은 핸드폰이고, 그것은 노트북입니다.
  イゴスン ヘンドゥポンイゴ、クゴスン ノトブックイムニダ

・これはコーヒーで、それはクッキーです。
・これは携帯電話で、それはノートパソコンです。

動詞・形容詞「して」

- 나는 옷을 사고, 친구는 책을 샀습니다.
  ナヌン オスル サゴ、チングヌン チェグル サッスムニダ

- 나는 학원에 가고, 친구는 콘서트에 갔습니다.
  ナヌン ハグォネ ガゴ、チングヌン コンソトゥエ ガッスムニダ

・私は服を買って、友達は本を買いました。
・私は塾に行って、友達はコンサートに行きました。

前節の動作が終わってから後節の動作が起こる場合。
（=日本語の「〜から」）

- パブル モッコ　ジベ ガッソヨ
  밥을 먹고 집에 갔어요.
  ご飯を食べて家に帰りました。
  （から）

- パブル モッコ ナソ ジベ ガッソヨ
  밥을 먹고 나서 집에 갔어요.
  ご飯を食べた後に家に帰りました。

*입니다(です)の会話体
(パッチム有り = 이에요)
(パッチム無し = 예요)

単語

커피 コーヒー
쿠키 クッキー
핸드폰 携帯電話
노트북 ノートパソコン
옷 服
책 本
학원 塾
콘서트 コンサート
밥 ご飯
집 家

02 パプド　モクジ　アンコ　ジャッスムニダ
밥도 먹지 않고 잤습니다.
ご飯も食べずに寝ました。

안~하고, ~지 않고 (しないで、せずに、しなくて)

自分の行動における「して」の否定表現。

- 숙제를 안 하고 학교에 갔습니다.
  スクチェルル アン ハゴ ハッキョエ ガッスムニダ
- 어제는 일을 하지 않고 쉬었습니다.
  オジェヌン イルル ハジ アンコ スィオッスムニダ
- 자동차는 멈추지 않고 갔습니다.
  チャドンチャヌン モムチュジ アンコ ガッスムニダ

・宿題をせずに学校に行きました。
・昨日は仕事をせずに休みました。
・車は止まらずに行きました。

~지 말고(しないで、せずに)

相手の行動における「しないで」を強く伝える表現。

- 놀지 말고 공부하세요.
  ノルジ マルゴ ゴンブハセヨ
- 밤새 게임하지 말고 빨리 자세요.
  パムセ ゲイムハジ マルゴ パンリ チャセヨ
- 거기로 가지 말고 여기로 오세요.
  コギロ ガジ マルゴ ヨギロ オセヨ

・遊ばないで勉強してください。
・一晩中ゲームしないで早く寝てください。
・そこに行かずにここに来てください。

*
~てください。 [ㄹ不規則: ㄹが無くなる]
パッチム有り：~으세요.
パッチム無し：~세요.

*
自分の行為ながら、決意と義務として一方の強く否定して、片方の行為を選択する時は「~지 말고」を使います。

単語

숙제 宿題
학교 学校
쉬다 休む
자동차 自動車
멈추다 止まる
놀다 遊ぶ
공부하다 勉強する
밤새 一晩中
게임하다 ゲームする
빠르다 早い
자다 寝る
가다 行く
오다 来る

03 배고파서 잠이 안 와요.

ペ ゴ パ ソ　ジャミ　アン ワヨ

お腹がすいて眠れません。

「~して」「~で」の 아서/어서/여서

> 語幹아 : 語幹末が「ㅏ」、「ㅗ」の場合
> 語幹어 : 語幹末が母音「ㅏ」、「ㅗ」以外の場合
> 語幹여 : 語幹末が「하」の場合

語幹末+아서

- 꽃을 사서 여자친구에게 선물했습니다.
  コッチュル サソ ヨジャチングエゲ ソンムルヘッスムニダ
- 빵에 잼을 발라서 먹었습니다.
  パンエ チェムル バルラソ モゴッスムニダ

・花を買って彼女にプレゼントしました。
・パンにジャムを塗って食べました。

語幹末+어서

- 답장이 늦어서 죄송합니다.
  タプッチャンイ ヌジョソ チェソンハムニダ
- 김치찌개를 먹어서 배가 불러요.
  キムチチゲルル モゴソ ペガ プルロヨ

・返事が遅くなり申し訳ございません。
・キムチチゲを食べてお腹がいっぱいです。

語幹末(하)+여서

- 그는 너무 조용해서 불편해요.
  クヌン ノム ジョヨンヘソ ブルピョネヨ
- 열심히 공부해서 대학교에 합격했습니다.
  ヨルシミ ゴンブヘソ デハッキョエ ハプッキョケッスムニダ

・彼はとても静かで不便です。
・一生懸命に勉強して大学に合格しました。

*不規則

묻다 ⇨ 물어서
듣다 ⇨ 들어서
짓다 ⇨ 지어서
자르다 ⇨ 잘라서
다르다 ⇨ 달라서
눕다 ⇨ 누워서
덥다 ⇨ 더워서

単語

꽃 花
선물 プレゼント
빵 パン
잼 ジャム
바르다 塗る
답장 返事
늦다 遅い
먹다 食べる
배가 부르다 腹がいっぱい
조용하다 静かだ
불편하다 不便だ
공부하다 勉強する
합격하다 合格する

04 영화는 좋아하지만 드라마는 싫어해요.

ヨンファヌン　ジョアハジマン　ドゥラマヌン　シロヘヨ

映画は好きですが、ドラマは嫌いです。

~지만 ~는데 (ですが、けれども、けど)

「~지만」は前節と後節の内容が反対になる逆接を表す表現です。

- 저는 치킨은 좋아하지만 피자는 싫어해요.
  チョヌン チキヌン ジョアハジマン ピジャヌン シロヘヨ
- 한국어는 어렵지만 재밌어요.
  ハンクゴヌン オリョプジマン チェミッソヨ
- 수고스럽겠지만, 잘 부탁드립니다.*
  スゴスロプケッジマン ジャル ブッタクットリムニダ

・私はチキンは好きですが、ピザは嫌いです。
・韓国語は難しいですが面白いです。
・お手数ですが、よろしくお願いします。

★
① パッチム有り = 이지만
② パッチム無し = 지만

*慣用表現

~는데 (のに 、ので、ですが)

「~으(ㄴ)데」は逆接や紹介や理由や文句などの表現にも使われます。

- 저는 치킨은 좋아하는데 (=좋아하지만) 피자는 싫어해요..
  チョヌン チキヌン ジョアハヌンデ ピジャヌン シロヘヨ
- 한국어는 어려운데 (=어렵지만) 재밌어요.
  ハンクゴヌン オリョウンデ ジェミッソヨ
- 친구는 키가 큰데 (=크지만) 나는 키가 작아.
  チングヌン キガ クンデ ナヌン キガ チャガ

・私はチキンは好きですが、ピザは嫌いです。
・韓国語は難しいですが面白いです。
・友達は背が高いのに私は背が低い。

★
① パッチム有り = 데
② パッチム無し = ㄴ데
③ 動詞+는데(ヌンデ)
④ 名詞+인데(インデ)
⑤ 있다, 없다形容詞+는데

単語

수고 お手数
좋아하다 好きだ
어렵다 難しい
재밌다 面白い
크다 大きい
작다 小さい
잘 부탁드립니다
よろしくお願いします

練習問題

1 次の文章を読んで韓国語で書きなさい。

1 これはコーヒーで、それはクッキーです。

2 車は止まらずに行きました。

3 花を買って彼女にプレゼントしました。

4 お手数ですが、よろしくお願いいたします。

2 次の文章を完成させなさい。

1 ご飯を食べてから家に帰りました。

밥을　　　　집에 갔어요.

2 遊ばないで勉強してください。

놀지　　　　공부하세요.

3 返事が遅くなり申し訳ありません。

답장이　　　　죄송합니다.

4 私はチキンは好きですが、ピザは嫌いです。

저는 치킨은　　　　피자는 싫어해요.

練習問題

3 次の問題を見て 正しい文章に丸○を付けてください。

1
- 어제는 일을 하지 말고 쉬었습니다.
- 어제는 일을 하지 않고 쉬었습니다.

2
- 김치찌개를 먹어서 배가 불러요.
- 김치찌개를 먹어서 배가 불라요.

3
- 수고스러운데 잘 부탁드립니다.
- 수고스럽겠지만 잘 부탁드립니다.

4 次の文章を日本語に直しなさい。

1 그는 너무 조용해서 불편해요.

2 친구는 키가 큰데 나는 키가 작아.

3 거기로 가지 말고 여기로 오세요.

4 저는 학원에 가고, 친구는 콘서트에 갔습니다.

9-1

A: 어제는 뭐 했어요?
昨日は何しましたか。

B: 어제는 옷을 사고, 집에서 쉬었어요.
昨日は服を買って、家で休みました。

A: 무슨 옷을 샀어요?
どんな服を買いましたか。

B: 원피스를 샀어요.
ワンピースを買いました。

A: 그래요? 저는 원피스를 좋아하지만, 블라우스는 안 좋아해요.
そうですか。私はワンピースが好きですか、ブラウスは好きじゃないです。

B: 저도 원피스는 좋아하는데 블라우스는 싫어해요.
私もワンピースは好きですが、ブラウスは嫌いです。

9-2

A: 거기로 가지 말고 여기로 가자!
そこに行かないでここに行こう！

B: 왜?
なんで？

A: 거기는 너무 조용해서 불편해.
そこはとても静かで不便だよ。

B: 그래? 케이크는 맛있는데...
そうなの？ケーキは美味しいけど…

A: 그럼 케이크는 거기서 사고, 커피는 여기서 사자.
じゃあ、ケーキはそこで買って、コーヒーはここで買おう。

B: 그럴까? 좋아!
そうしようか。いいよ！

*QRコードを読み込み、韓国語の書き取りをしてください。

A: ______________________________

B: ______________________________

A: ______________________________

B: ______________________________

A: ______________________________

B: ______________________________

A: ______________________________

B: ______________________________

A: ______________________________

B: ______________________________

A: ______________________________

B: ______________________________

K-POPとは？

K-POPとは大韓民国(韓国)の大衆音楽です。
これからK-POPの特徴について説明します。

① K-POPは主にフックの部分で簡単で中毒性のある振り付けで多くの人々が真似できるように作られている特徴があります。

② 振り付けはお互いに呼吸を合わせ、まるで一人のように振り付けるアイドルは"カルグンム（キレの良いダンス）ドル"と呼ばれます。

③ K-POPは世界のファッション市場にも大きな影響を与えます。 韓国のアイドルスタイルは世界中の人々に人気が高いので、アイドルをモデルにしてファッションマーケティングをする場合も多くあり、有名ブランドではアイドルとして協賛広告をすることもあります。

● 短所

① 競争が熾烈だということです。韓国では1年に60組を超えるアイドルグループが誕生しますが、グループのほとんどはすぐに姿を消します。

② アイドルの練習生期間がいくら長くなってもデビューできなかったり、デビューした後も人々に有名にならなければ活動を続けることが難しくなります。

10과

1. 예쁜 가방이네요.
2. 친절하지 않은 직원이네요.
3. 어제 같이 만난 친구는 누구예요?
4. 김치는 질리지 않는 음식이에요.

01 イェップン カバンイネヨ
예쁜 가방이네요.
可愛いカバンですね。

形容詞の連体形

形容詞の連体形で現在、過去、未来の、時制に影響を与えません。

*「다」は無くなります。

優しい ＋ 人
サンニャンハン サラム
상냥한 사람
상냥하/다＋ㄴ

明るい ＋ 人
パルグン サラム
밝은 사람
밝/다＋은

賢い ＋ 人
ヒョンミョンハン サラム
현명한 사람
현명하/다＋ㄴ

*
パッチム有り：~은
パッチム無し：~ㄴ
있다/ 없다 : ~는

親切な ＋ 人
チンジョラン サラム
친절한 사람
친절하/다＋ㄴ

綺麗な ＋ 人
イェップン サラム
예쁜 사람
예쁘/다＋ㄴ

元気な ＋ 人
コンガンハン サラム
건강한 사람
건강하/다＋ㄴ

ㅂ不規則

パッチム「ㅂ」が無くなり、「운」が付く。

美しい ＋ 人
アルムダウン サラム
아름다운 사람
아름답/다＋운

可愛い ＋ 人
クィヨウン サラム
귀여운 사람
귀엽/다＋운

ㅎ不規則

パッチム「ㅎ」が「ㄴ」に変わる。

赤い ＋ 花
パルガン コッ
빨간 꽃
빨갛/다＋ㄴ

白い ＋ 花
ハヤン コッ
하얀 꽃
하얗/다＋ㄴ

02 チンジョラジ アヌン チグォンイネヨ
친절하지 않은 직원이네요.
親切ではない職員ですね。

形容詞の連体不定形

形容詞の連体形の不定表現で「~지 않다」→「~지 않은」になります。

* じゃない·ではない
: ~지 않다, ~지 않은

優しくない + 人	明るくない + 人	賢くない + 人
サンニャンハジ アヌン サラム 상냥하지 않은 사람 상냥하/다+지지 않은	パルッジ アヌン サラム 밝지 않은 사람 밝/다+지 않은	ヒョンミョンハジ アヌン サラム 현명하지 않은 사람 현명하/다+지 않은
親切じゃない + 人	**綺麗じゃない + 人**	**元気じゃない + 人**
チンジョラジ アヌン サラム 친절하지 않은 사람 친절하/다+지 않은	イェップジ アヌン サラム 예쁘지 않은 사람 예쁘/다+지 않은	コンガンハジ アヌン サラム 건강하지 않은 사람 건강하/다+지 않은

ㅂ不規則

パッチム「ㅂ」は変わらずそのままになります。

美しくない + 人	可愛くない + 人
アルムダプジ アヌン サラム 아름답지 않은 사람 아름답/다+지 않은	クィヨプジ アヌン サラム 귀엽지 않은 사람 귀엽/다+지 않은

ㅎ不規則

パッチム「ㅎ」は変わらずそのままになります。

赤くない + 花	白くない + 花
パルガッチ アヌン コッ 빨갛지 않은 꽃 빨갛/다+지 않은	ハヤッチ アヌン コッ 하얗지 않은 꽃 하얗/다+지 않은

03 어제 같이 만난 친구는 누구예요?

オジェ　ガチ　マンナン　チングヌン　ヌグエヨ

昨日一緒に会った友達は誰ですか。

動詞の連体形

動詞の連体形で体言を修飾する用言の活用形であるため過去、現在、未来の時制がそれぞれ異なります。

過去	~은/ㄴ	過去は「〜した」という意味で パッチム有り：~은 パッチム無し：~ㄴ が付きます。
現在	~는	現在は「〜している」という意味でいつも「는」が付きます。
未来	~을/ㄹ	未来はこれから「〜する」という意味で パッチム有り：~을 パッチム無し：~ㄹ が付きます。

昨日買った服は何ですか。
- 어제 산 옷은 뭐예요? (過去) パッチム無し
  オジェ サン オスン ムォエヨ

昨日食べた食べ物は何ですか。
- 어제 먹은 음식은 뭐예요? (過去) パッチム有り
  オジェ モグン ウムシグン ムォエヨ

今発表をしている人は誰ですか。
- 지금 발표를 하는 사람은 누구예요? (現在)
  ジグム バルピョルル ハヌン サラムン ヌグエヨ

4時に家に行く学生は誰ですか。
- 4시에 집에 가는 학생은 누구예요? (現在)
  ネーシエ チベ ガヌン ハクセンウン ヌグエヨ

冬休みにどこへ旅行に行く予定ですか。
- 겨울방학 때 어디로 여행 갈 예정이에요? (未来) パッチム無し
  キョウルパンハク ッテ オディロ ヨヘン ガル イェジョンイエヨ

友達と一緒に音楽を聞く予定です。
- 친구랑 같이 음악을 들을 예정이에요. (未来) パッチム有り
  チングラン カチ ウマグル ドゥルル イェジョンイエヨ

*ㄷ不規則

듣다 → 들을
걷다 → 걸을

単語

사다 買う
옷 服
지금 今
발표하다 発表する
누구 誰
가다 行く
겨울방학 冬休み
여행 旅行
예정 予定
음악 音楽
듣다 聞く

04 キムチヌン　ジルリジ アンヌン　ウムシギエヨ
김치는 질리지 않는 음식이에요.
キムチは飽きない食べ物です。

動詞の連体不定形

動詞の連体形の不定表現で「~지 않다」が過去：「~지 않은」現在：「~지 않는」、未来：「~지 않을」になります。

- 아직 보지 않은 영화가 있어요. （過去）
  アジク ボジ アヌン ヨンファガ イッソヨ
- 아직 안 본 영화가 있어요. （過去）
  アジク アン ボン ヨンファガ イッソヨ
  まだ見てない映画があります。

- 거짓말을 하지 않는 사람도 있어요. （現在）
  コジンマルル ハジ アンヌン サラムド イッソヨ
- 거짓말을 안 하는 사람도 있어요. （現在）
  コジンマルル アン ハヌン サラムド イッソヨ
  嘘をつかない人もいます。

- 약을 먹어도 낫지 않을 때 병원을 가요. （未来）
  ヤグル モゴド ナッチ アヌル ッテ ビョンウォヌル ガヨ
- 약을 먹어도 안 나을 때 병원을 가요.（未来）
  ヤグル モゴド アン ナウル ッテ ビョンウォヌル ガヨ
  薬を飲んでも治らない時に病院に行きます。

*「안~ㄴ」「~지 않은」していない
「안~는」「~지 않는」~ない
「안~을」「~지 않을」~ない

*「ㅅ」不規則
パッチム「ㅅ」で終わる動詞や形容詞が母音「으, ㅏ, ㅓ」に来たら「ㅅ」が消える。

単語

영화 映画
거짓말 嘘
약 薬
보다 見る
먹다 食べる
낫다 治る

01

A チンジョラン サラミネヨ
친절한 사람이네요.

B クロンネヨ
그렇네요.

A 親切な人ですね。

B そうですね。

① サンニャンハダ
상냥하다

② パクタ
밝다

③ ヒョンミョンハダ
현명하다

④ アルムダプタ
아름답다

単語

상냥하다 優しい
밝다 明るい
현명하다 賢い
아름답다 美しい

02

A チンジョラジ アヌン ジグォニネヨ
친절하지 않은 직원이네요.

B クロンネヨ
그렇네요.

A 親切ではない職員ですね。

B そうですね。

① サンニャンハダ
상냥하다

② パクタ
밝다

③ ヒョンミョンハダ
현명하다

④ イェップダ
예쁘다

単語

예쁘다 綺麗だ

03

チグム チベガヌン ハクセンウン ヌグエヨ
A 지금 집에 가는 학생은 누구예요?

スジエヨ
B 수지예요.

A 今家に帰る学生は誰ですか。

B スジです。

バルピョハダ
① 발표하다

バブルモクタ
② 밥을 먹다

ティビルルボダ
③ TV를 보다

チェグルイクッタ
④ 책을 읽다

単語

발표하다 発表する
밥을 먹다 ご飯を食べる
TV를 보다 テレビを見る
책을 읽다 本を読む

04

アジク サジ アヌン ゴシ イッソヨ
A1 아직 사지 않은 것이 있어요.

アジク アン サン ゴシ イッソヨ
A2 아직 안 산 것이 있어요.

A まだ買ってないものがあります。

モクタ
① 먹다

マシダ
② 마시다

ポダ
③ 보다

イクッタ
④ 읽다

単語

먹다 食べる
마시다 飲む
보다 見る
읽다 読む

練習問題

1 次の文章を読んで韓国語で書きなさい。

1 赤い花。

____

2 綺麗じゃない人。

____

3 冬休みにどこへ旅行に行く予定ですか。

____

4 まだ見てない映画があります。

____

2 次の文章を完成させなさい。

1 優しい人ですね。

______________ 사람이네요.

2 白くない花ですね。

______________ 꽃이네요.

3 友達と一緒に音楽を聴く予定です。

친구랑 같이 음악을 ______________ 예정이에요.

4 薬を飲んでも治らない時に病院に行きます。

약을 먹어도 ______________ 때 병원을 가요.

練習問題

3 次の問題を見て 正しい文章に丸○を付けてください。

1
- 귀엽운 사람.
- 귀여운 사람.

2
- 어제 먹은 음식은 뭐예요?
- 어제 먹운 음식은 뭐예요?

3
- 거짓말을 하지 않을 사람도 있어요.
- 거짓말을 하지 않는 사람도 있어요.

4 次の文章を日本語に直しなさい。

1 친절한 사람이네요.

____

2 현명하지 않은 사람이네요.

____

3 지금 발표를 하는 사람은 누구예요?

____

4 김치는 질리지 않는 음식이에요.

____

10-1

A: 겨울방학 때 어디에 갈 예정이에요?
冬休みにどこに行く予定ですか。

B: 프랑스에 갈 예정이에요.
フランスに行く予定です。

A: 프랑스요?
フランスですか。

B: 네. 프랑스에 친한 친구가 있어요.
はい。フランスに親しい友達がいます。

A: 프랑스에는 매운 음식이 많아요?
フランスには辛い料理が多いですか。

B: 아니요. 한국보다는 매운음식이 없어요.
いいえ、韓国よりは辛い料理がありません。

10-2

A: 우와~ 예쁜 가방이네!
うわー綺麗なカバンだね！

B: 그치? 예쁘고 엄청 저렴했어.
でしょ？綺麗でとても安かったよ。

A: 그 가게에 안 예쁜 가방은 없어?
その店に綺麗じゃないカバンはないの？

B: 응, 안 예쁜 가방은 없고, 친절한 직원도 많았어!
うん。綺麗じゃないカバンはないし、親切な職員さんも多かったよ！

A: 어디서 샀어? 이 디자인에 하얀 가방도 있었어?
どこで買った？このデザインで白いカバンもあった？

B: 응. 있었어!
うん。あったよ！

*QRコードを読み込み、韓国語の書き取りをしてください。

A: ______________________________

B: ______________________________

A: ______________________________

B: ______________________________

A: ______________________________

B: ______________________________

A: ______________________________

B: ______________________________

A: ______________________________

B: ______________________________

A: ______________________________

B: ______________________________

韓国の武術、テコンドー

テコンドーとは?

テコンドーは代表的な韓国固有の武術で、世界的に広く普及した投機スポーツであり、韓国の代表的な運動です。 何の武器もなくいつでもどこでも手と足を使って攻撃と防御が出来る武術で身体を強健にして心身の修練を通じて人格を修養し、技術を鍛え、自分の身体を防御する護身術です。

"テコンドーの日"は?

平成6年9月4日（１９９４年）
フランスのパリで第103回国際オリンピック委員会(IOC)総会でテコンドーがオリンピックの正式種目に採択されたことを記念する意味で制定しました。

テコンドー帯の色は?

一ヶ月または二ヶ月に一回、昇級審査を受けて審査に通ったら帯の色が変わります。 テコンドーの色順番は白帯→黄帯→緑帯→青帯→茶色帯→赤帯→赤に黒線→黒帯です。

11과

1. 여행 가고 싶습니다.
2. 버스를 타고 싶지 않습니다.
3. 시험이 끝나면 놀이동산에 갑니다.
4. 당신이라면 어떻게 할 것입니까?

01 ヨヘンウル カゴ シプスムニダ
여행을 가고 싶습니다.
旅行に行きたいです。

「たい」の~고 싶다

自分の希望を表す。

- 밀크티를 마시고 싶어요.
  ミルクティルル マシゴ シポヨ
- 비빔밥을 먹고 싶어요.
  ピビンパブル モッコ シポヨ
- 방을 청소하고 싶어요.
  バンウル チョンソハゴ シポヨ
- 한국어를 배우고 싶어요.
  ハングゴルル ベウゴ シポヨ

・ミルクティーを飲みたいです。
・ビビンバを食べたいです。
・部屋を掃除したいです。
・韓国語を学びたいです。

「たがる」の~고 싶어하다

相手の希望を表す。

- 친구는 커피를 마시고 싶어 합니다.
  チングヌン コピルル マシゴ シポ ハムニダ
- 친구는 30살에 결혼하고 싶어 해요.
  チングヌン ソルンサレ ギョロンハゴ シポ ヘヨ
- 남동생은 콘서트에 가고 싶어 해요.
  ナムトンセンウン コンソトゥエ カゴ シポ ヘヨ

・友達はコーヒーを飲みたがっています。
・友達は30歳で結婚したがっています。
・弟はコンサートに行きたがっています。

* 行く　たいです。
가/다 + 고 싶습니다.
「다」は無くなり、
「고 싶습니다」が付きます。

単語

마시다 飲む
먹다 食べる
청소하다 掃除する
배우다 学ぶ
결혼하다 結婚する

02 버스를 타고 싶지 않습니다.

ボスルル　タゴ　シプジ　アンスムニダ

バスに乗りたくないです。

「たくない」の하고 싶지 않다

「たい」の反対語で"~싶지 않습니다", "~싶지 않아요", "안~싶어요"とも言えます。

- 커피를 마시고 싶지 않아요.
  コピルル マシゴ シプジ アナヨ
- 삼겹살을 먹고 싶지 않아요.
  サムギョプサルル モッコ シプジ アナヨ
- 방을 청소하고 싶지 않아요.
  バンウル チョンソハゴ シプジ アナヨ

・コーヒーを飲みたくないです。
・サムギョプサルを食べたくないです。
・部屋を掃除したくないです。

「たがらない」の하고 싶지 않아 하다

「たがる」の反対語で"~싶지 않아 합니다", "~싶어 하지 않아요", "안~싶어 해요"とも言えます。

- 고양이는 목욕하고 싶지 않아 해요.
  コヤンイヌン モギョカゴ シプジ アナ ヘヨ
- 남동생은 학교에 가고 싶지 않아 해요.
  ナムドンセンウン ハッキョエ カゴ シプジ アナ ヘヨ
- 친구는 결혼하고 싶지 않아 해요.
  チングヌン ギョロンハゴ シプジ アナ ヘヨ

・猫は風呂に入りたがらないです。
・弟は学校に行きたがらないです。
・友達は結婚したがらないです。

* 行く　たくないです。
가/다 + 고 싶지 않습니다.
「다」は無くなり、
「고 싶지 않습니다」が付きます。

単語

고양이 猫
목욕하다 お風呂に入る
가다 行く
결혼하다 結婚する

03 시험이 끝나면 놀이동산에 갑니다.
シホミ　クンナミョン　ノリドンサネ　カムニダ

試験が終わったら遊園地に行きます。

「と」「たら」「~れば」の~면/~으면

仮説的な条件「～たら、～れば、～と」を表す。

- 봄이 오면 꽃이 핍니다.
  ポミ オミョン コッチ ピムニダ
- 학교가 끝나면 오후 4시입니다.
  ハッキョガ クンナミョン オフ ネーシ イムニダ
- 밤에 책을 읽으면 졸립니다.
  パメ チェグル イルグミョン ジョルリムニダ

・春が来ると花が咲きます。
・学校が終わったら午後4時です。
・夜に本を読むと眠くなります。

不規則「ㄷ変格」

- 공원을 걸으면 기분이 좋습니다.
  コンウォンウル ゴルミョン ギブニ チョッスムニダ
- 음악을 들으면 춤을 춥니다.
  ウマグル ドゥルミョン チュムル チュムニダ

・公園を歩くと気分がいいです。
・音楽を聞くと踊ります。

있다/ 없다（あれば・なければ）

- 시간이 있으면 한국어 공부를 합니다.
  シガニ イッスミョン ハングゴ ゴンブルル ハムニダ
- 숙제가 없으면 집에서 영화를 봅니다.
  スクチェガ オプッスミョン チベソ ヨンファルル ボムニダ

・時間があれば韓国語の勉強をします。
・宿題がなければ家で映画を見ます。

*動詞・形容詞
(パッチム有り)＋~으면
(パッチム無し)＋~면
名詞＋~이면

単語

봄 春
오다 来る
꽃 花
피다 咲く
끝나다 終わる
읽다 読む
졸리다 眠い
걷다 歩く
듣다 聞く
춤을 추다 踊る

04 당신이라면 어떻게 할 것입니까?

タンシニラミョン　オットケ　ハル　ゴシムニカ

あなたならどうしますか。

~라면/ ~이라면

仮説的な条件「なら」を表す。「이다」や終声のない語幹に付く連結語尾。

* (パッチム有り)+이라면
  (パッチム無し)+라면

- 저라면 그렇게 안 합니다.
  チョラミョン クロケ アン ハムニダ
- 김밥이 3,000원이라면 먹습니다.
  キンパビ サムチョヌォンイラミョン モクスムニダ
- 회사원이라면 아침 일찍 일어납니다.
  フェサウォンイラミョン アチム イルッチク イロナムニダ

・私ならそうしません。
・キムパが3,000ウォンなら食べます。
・会社員なら朝早く起きます。

~할 것이다/ ~할 예정이다

意志表現で「～つもりだ、～予定だ」みたいにこれからの予定とか意志を表す。

* 있다 : 있을 것이다
  없다 : 없을 것이다

～つもりだ	・~일 것이다 (할 것이다) ・~일 생각이다 (할 생각이다)
～予定だ	・~일 예정이다 (할 예정이다)

- 오늘은 무엇을 할 예정입니까?
  オヌルン ムオスル ハル イェジョンイムニカ
- 내일은 병원에 갈 생각입니다.
  ネイルン ピョンウォネ カル センガギムニダ
- 점심시간에 커피를 마실 것입니다.
  チョムシムシガネ コピルル マシル ゴシムニダ

・今日は何をする予定ですか。
・明日は病院に行くつもりです。
・昼休みにコーヒーを飲むつもりです。

単語

김밥 キムパ
먹다 食べる
회사원 会社員
일어나다 起きる
병원 病院
예정 予定
점심시간 昼休み
일찍,빨리 早く

01

A 오늘은 무엇을 하고 싶어요?（オヌルン ムオスル ハゴ シポヨ）

B 영화를(을) 보고 싶어요.（ヨンファルル ボゴ シポヨ）

A 今日は何をしたいですか?

B 映画が見たいんですが。

① 비빔밥（ピビンパプ） 먹다（モクタ）
② 밀크티（ミルクティ） 마시다（マシダ）
③ 책（チェク） 읽다（イクッタ）
④ 친구（チング） 만나다（マンナダ）

単語

먹다 食べる
마시다 飲む
책 本
읽다 読む
친구 友達
만나다 会う

02

A 왜 그러세요?（ウェ クロセヨ）

B 삼겹살을(를) 먹고 싶지 않아요.（サムギョプサルル モッコ シプジ アナヨ）

A どうしたのですか。

B サムギョプサルを食べたくないです。

① 커피（コピ） 마시다（マシダ）
② 방（パン） 청소하다（チョンソハダ）
③ 공부（コンブ） 하다（ハダ）
④ 여행（ヨヘン） 가다（ガダ）

単語

방 部屋
청소하다 掃除する
공부 勉強
여행 旅行

03

ハッキョガ クンナミョン オフ ネーシ イムニダ
A 학교가 끝나면 오후 4시입니다.

A 学校が終わったら午後4時です。

ポミ オダ
① 봄이 오다

ッコチ ピダ
꽃이 피다

コンウォンウル コッタ
② 공원을 걷다

ギブニ ジョタ
기분이 좋다

シガニ イッタ
③ 시간이 있다

コンブルル ハダ
공부를 하다

スクチェガ オプタ
④ 숙제가 없다

ヨンファルル ポダ
영화를 보다

単語

봄이 오다 春が来る
꽃이 피다 花が咲く
공원을 걷다 公園を歩く
시간이 있다 時間がある
숙제가 없다 宿題がない

04

ネイルン ムオスル ハル センガギエヨ
A 내일은 무엇을 할 생각이에요?

ピョンウォネ ガル センガギエヨ
B 병원에 갈 생각이에요.

A 明日は何をするつもりですか。

B 病院に行くつもりです。

チングルル マンナダ
① 친구를 만나다

カペエ ガダ
② 카페에 가다

ショピンウル ハダ
③ 쇼핑을 하다

サムギョプサルル モクタ
④ 삼겹살을 먹다

単語

카페에 가다 カフェに行く
쇼핑을 하다 買い物をする

練習問題

1 次の文章を読んで韓国語で書きなさい。

1 友達はコーヒーを飲みたがっています。

2 弟は学校に行きたがらないです。

3 公園を歩くと気分がいいです。

4 私ならそうしません。

2 次の文章を完成させなさい。

1 弟はコンサートに行きたがっています。

남동생은 콘서트에 가고

2 猫は風呂に入りたがらないです。

고양이는 목욕하고 싶지

3 春が来ると花が咲きます。

봄이 꽃이 핍니다.

4 会社員なら朝早く起きます。

회사원 아침에 일찍 일어납니다.

練習問題

3 次の問題を見て 正しい文章に丸○を付けてください。

1
- 친구는 30살에 결혼하고 싶어요.
- 친구는 30살에 결혼하고 싶어 해요.

2
- 남동생은 학교에 가고 싶지 않아요.
- 남동생은 학교에 가고 싶지 않아 해요.

3
- 음악을 듣으면 춤을 춥니다.
- 음악을 들으면 춤을 춥니다.

4 次の文章を日本語に直しなさい。

1 방을 청소하고 싶어요.

2 커피를 마시고 싶지 않아요.

3 숙제가 없으면 집에서 영화를 봅니다.

4 점심시간에 커피를 마실 것입니다.

11-1

A: 여름방학 때는 무엇을 하고 싶어요?
夏休みの時は何をしたいですか。

B: 영어 공부랑, 싱가폴 여행을 가고 싶어요.
英語の勉強と、シンガポール旅行に行きたいです。

A: 여행을 좋아해요?
旅行が好きですか。

B: 네. 여행을 엄청 좋아해요.
はい。旅行がとても好きです。

A: 알바는 하고 있어요?
バイトはしていますか。

B: 네. 알바는 하고 있지만, 하고 싶지 않아요.
はい。バイトはしていますが、したくないです。

11-2

A: 그 뉴스 봤어?
そのニュース見た？

B: 응! 봤어.
うん！見たよ。

A: 그 뉴스를 본 내 친구는 결혼 안 하고 싶어 해.
そのニュースを見た私の友達は結婚したがらない。

B: 나도 아직 결혼은 하고 싶지 않아.
私もまだ結婚はしたくない。

A: 왜?
なんで？

B: 지금은 아직 학생이니까 결혼 하고 싶지 않아.
今はまだ学生だから結婚したくない。

*QRコードを読み込み、韓国語の書き取りをしてください。

A: ______________________________

B: ______________________________

A: ______________________________

B: ______________________________

A: ______________________________

B: ______________________________

A: ______________________________

B: ______________________________

A: ______________________________

B: ______________________________

A: ______________________________

B: ______________________________

太極旗(テグッキ)

●白背景
- 明るさ、きれいさ、純粋さ、平和、愛の象徴

●太極模様
- 赤は陽、青は陰で単一民族性と統一の精神を表す

四隅に易の卦(け)が描かれ、乾(けん)、坤(こん)、坎(かん)、離(り)で天地日月を表します。

太極旗を描いてみましょう！

12과

1. 몇 살이에요?
2. 생일이 언제예요?
3. 삼 개월 뒤에 시험이야.
4. 내년은 2023년입니다.

01 ミョッ サリエヨ 몇 살이에요?

何歳ですか。

年を言いましょう!

韓国の人々は年齢をよく問います。年を聞く方、答える表現を調べてみましょう。

1歳	2歳	3歳	4歳	5歳
ハン サル 한 살	トゥ サル 두 살	セ サル 세 살	ネ サル 네 살	タソッ サル 다섯 살
6歳	**7歳**	**8歳**	**9歳**	**10歳**
ヨソッ サル 여섯 살	イルゴプ サル 일곱 살	ヨドル サル 여덟 살	アホプ サル 아홉 살	ヨル サル 열 살
11歳	**12歳**	**13歳**	**14歳**	**15歳**
ヨラン サル 열한 살	ヨルトゥ サル 열두 살	ヨルセ サル 열세 살	ヨルネ サル 열네 살	ヨルダソッ サル 열다섯 살
16歳	**17歳**	**18歳**	**19歳**	**1歳**
ヨルヨソッ サル 열여섯 살	ヨリルゴプ サル 열일 살	ヨルヨドル サル 열여덟 살	ヨラホプ サル 열아홉 살	スム サル 스무 살

A : 수영 씨는 몇 살이에요?
スヨンシーヌン ミョッ サリエヨ?

B : 저는 26살입니다. 민호 씨는요?
ジョヌン スムルヨソッサル イムニダ. ミンホシーヌンヨ?

A : 저도 94년생이에요. 저랑 동갑이네요!
ジョド グシプサニョンセンイエヨ . ジョラン トンガビネヨ!

A : スヨンさんは何歳ですか。
B : 私は26歳です。ミンホさんは?
A : 私も94年生まれです。私と同い年ですね!

· 몇 살이세요?
ミョッ サリセヨ? · おいくつですか。

· 연세가 어떻게 되세요?
ヨンセガ オットケ トェセヨ? · おいくつでいらっしゃいますか。

* 韓国の場合は数え年と言って その年の誕生日に迎える年齢を 1月1日に増える計算になり、生まれた時点で1歳となります。

* 生まれた時の年齢
韓国 : 0歳
日本 : 1歳

* 年齢が増える日
韓国 : 元旦
日本 : 誕生日

* 연세가 어떻게 되세요?
目上の人に年齢を尋ねる場合に使います。

単語

살 歳
몇 살 何歳
년생 年生まれ
동갑 同い年
연세 お歳

02 センイルイ　オンジェエヨ
생일이 언제예요?
誕生日はいつですか。

月日

月は数字に'월'(ウォル)を付けて言います。6月と10月はパッチムがなくなりますので、注意してください。

1月 일월 イロル	2月 이월 イウォル	3月 삼월 サモル	4月 사월 サウォル	5月 오월 オウォル	6月 유월 ユウォル
7月 칠월 チロル	8月 팔월 パロル	9月 구월 クウォル	10月 시월 シウォル	11月 십일월 シビロル	12月 십이월 シビウォル

日は数字に'일'(イル)を付けて言います。16日と26日も連音化によって変わるので、注意してください。

1日 일일 イリル	2日 이일 イイル	3日 삼일 サミル	4日 사일 サイル	5日 오일 オイル	6日 유일 ユギル
7日 칠일 チリル	8日 팔일 パリル	9日 구일 クイル	10日 십일 シビル	11日 십일일 シビリル	12日 십이일 シビイル
13日 십삼일 シプサミル	14日 십사일 シプサイル	15日 십오일 シボイル	16日 십육일 シムニュギル	17日 십칠일 シプチリル	18日 십팔일 シッパリル
19日 십구일 シプクイル	20日 이십일 イシビル	21日 이십일일 イシビリル	22日 이십이일 イシビイル	23日 이십삼일 イシプサミル	24日 이십사일 イシプサイル
25日 이십오일 イシボイル	26日 이십육일 イシムニュギル	27日 이십칠일 イシプチリル	28日 이십팔일 イシッパリル	29日 이십구일 イシプクイル	30日 삼십일 サムシビル

A：지민 씨는 생일이 언제예요?
ジミンシーヌン センイルイ オンジェエヨ

B：10월 13일이에요. 윤기 씨는요?
シウォル シプサミルイエヨ、ユンギシーヌンニョ

A：저는 3월 9일이에요.
ジョヌン サモル クイルイエヨ

A：ジミンさんはお誕生日がいつですか。
B：10月13日です。ユンギさんは？
A：私は3月9日です。

単語

생일 誕生日
언제 いつ
월 月
일 日

03 삼 개월 뒤에 시험이야

サム ゲウォル ティヘ シホミヤ

三ヶ月後に試験だよ。

「~ヶ月」

「〜ヶ月」を韓国語で「~개월（〜ゲウォル）」と言います。
また、「~달（〜ダル）」という言い方もあります。

一ヶ月	二ヶ月	三ヶ月	四ヶ月	五ヶ月
イル ゲウォル 1개월	イ ゲウォル 2개월	サム ゲウォル 3개월	サ ゲウォル 4개월	オ ゲウォル 5개월
ハン ダル 한 달	トゥ ダル 두 달	セ ダル 세 달	ネ ダル 네 달	タソッ ダル 다섯 달
六ヶ月	**七ヶ月**	**八ヶ月**	**九ヶ月**	**十ヶ月**
ユッ ゲウォル 6개월	チル ゲウォル 7개월	パル ゲウォル 8개월	ク ゲウォル 9개월	シプ ゲウォル 10개월
ヨソッ ダル 여섯 달	イルゴプ ダル 일곱 달	ヨドル ダル 여덟 달	アホプ ダル 아홉 달	ヨル ダル 열 달

· 아기는 열 달 동안 엄마 뱃속에 있습니다.
アギヌン ヨル ダル トンアン オンマ ペッソゲ イッスムニダ

· 이 개월마다 한 번씩 배터리를 갈아주세요.
イ ゲウォルマダ ハン ボンシク ベトリルル カラチュセヨ

· 赤ちゃんは十月の間、母親のお腹の中にいます。
· 2ヶ月ごとに一度ずつ、バッテリーを取り替えてください。

曜日

曜日'요일'(ヨイル)の発音が日本語の音読みに近いので、
似た言葉になります。

月曜日	火曜日	水曜日	木曜日
ウォリョイル 월요일	ファヨイル 화요일	スヨイル 수요일	モギョイル 목요일
金曜日	**土曜日**	**日曜日**	**月曜日**
クミョイル 금요일	トヨイル 토요일	イリョイル 일요일	ムスンヨイル 무슨 요일

単語

아기 赤ちゃん
동안 間
엄마 お母さん
뱃속 お腹の中
마다 ごとに
씩 ずつ
배터리 バッテリー
무슨요일 何曜日
갈다, 교체하다 取り替える

04 내년은 2023년입니다.

ネニョンウン　イチョンイシプサムニョン イムニダ

来年は2023年です。

「~年」は?

年は数字に、「~년(～ニョン)」を組み合わせます。
1、7、8は「년（ニョン）」の発音が「リョン」と変化します。

1年	2年	3年	4年	5年
イル リョン 일 년	イ ニョン 이 년	サム ニョン 삼 년	サ ニョン 사 년	オ ニョン 오 년
6年	**7年**	**8年**	**9年**	**10年**
ユン ニョン 육 년	チル リョン 칠 년	パル リョン 팔 년	ク ニョン 구 년	シム ニョン 십 년

A：한국어 공부한 지 얼마나 되었어요?
ハングゴ ゴンブハンジ オルマナ ドェオッソヨ

B：6년정도 되었어요.
ユン ニョンジョンド ドェオッソヨ

A：韓国語勉強してどれぐらい経ちましたか?
B：6年ぐらい経ちました。

昨日、今日、明日の日にち

過去、現在、未来の言い方（日にち）を覚えてみましょう。

一昨日 クジョケ 그저께	昨日 オジェ 어제	今日 オヌル 오늘	明日 ネイル 내일	明後日 モレ 모레
先々週 ジジナンジュ 지지난 주	先週 ジナンジュ 지난주	今週 イボンジュ 이번 주	来週 ダウムジュ 다음 주	再来週 ダダウムジュ 다다음 주
先々月 ジジナンダル 지지난달	先月 ジナンダル 지난달	今月 イボンダル 이번 달	来月 ダウムダル 다음 달	再来月 ダダウムダル 다다음 달
一昨年 ジェジャンニョン 재작년	去年 ジャンニョン 작년	今年 オレ 올해	来年 ネニョン 내년	再来年 ネフニョン 내후년

*別の言い方

昨日
어저께（オジョッケ）
전날（ジョンナル）
今日
금일（クミル）
明日
낼（ネル）
一昨日
그제（クジェ）
明後日
내일모레（ネイルモレ）
先週
저번 주（チョボン チュ）
先月
저번 달（チョボン タル）
한달 전（ハンダル ジョン）
去年
지난 해（ジナン ヘ）

単語

년 年
졸업 卒業
과거 過去
현재 現在
미래 未来
지나다,되다 経つ
얼마나 どれぐらい

01

A　スヨン　シーヌン　ミョッ　サリエヨ
수영 씨는(은) 몇 살이에요?

B　スムルヨソッサルイムニダ
26살입니다.

A スヨンさんはおいくつですか。

B 26歳です。

① ナヨン シー 나영 씨　　スムルネーサル 24살

② オンニ 언니　　スムルヨドルサル 28살

③ オッパ 오빠　　ソルンサル 30살

④ アギ 아기　　セーサル 3살

単語

언니 姉
오빠 兄
아기 赤ちゃん

02

A　センイルイ　オンジェエヨ
생일이 언제예요?

B　シウォル　シプサミルイムニダ
10월 13일입니다.

A お誕生日はいつですか。

B 10月13日です。

① オボイナル 어버이날　　オウォル パリル 5월 8일

② シンモギル 식목일　　サウォル オイル 4월 5일

③ ケチョンジョル 개천절　　シウォル サミル 10월 3일

④ ハングルラル 한글날　　シウォル クイル 10월 9일

単語

어버이날 父母の日
식목일 植樹の日
개천절 建国記念日
한글날 ハングルの日

03

A サムゲウォルマダ モイムイ イッスムニダ
3개월마다 모임이(가) 있습니다.

A 三ヶ月ごとに集まりがあります。

① ユッゲウォル 6개월 シホム 시험
② ハン ダル 한 달 テチョンソ 대청소
③ イ ニョン 2년 コンガンゴムジン 건강검진
④ イル リョン 1년 テハクチュクチェ 대학 축제

単語

모임 集まり
시험 試験/テスト
대청소 大掃除
건강검진 健康診断
대학 축제 大学祭

04

A ネイルウン ムスン ヨイリエヨ
내일은(는) 무슨 요일이에요?

B イリョイルイムニダ
일요일입니다.

A 明日は何曜日ですか。

B 日曜日です。

① オヌル 오늘 ウォリョイル 월요일
② モレ 모레 スヨイル 수요일
③ コンソトゥ 콘서트 クミョイル 금요일
④ キョロンシク 결혼식 トヨイル 토요일

単語

콘서트 コンサート
결혼식 結婚式

練習問題

1 次の文章を読んで韓国語で書きなさい。

1 はたち。

2 おいくつですか。

3 誕生日はいつですか。

4 何曜日ですか。

2 次の文章を完成させなさい。

1 ジミンさんは95年生です。

지민 씨는

2 私と同い年ですね。

저랑

3 私は23歳です。

저는

4 先週、水曜日には何をした？

뭐 했어?

練習問題

3 日本語の翻訳を参考にして　　　中に正しい言葉を選んで書きなさい

1 제 　　　 은 8월 6일입니다. ← 私の誕生日は8月6日です。

2 어버이날은 　　　 입니다. ← 父母の日は5月8日です。

3 결혼식은 　　　 입니다. ← 結婚式は土曜日です。

4 시험은 　　　 입니다. ← テストは10月13日です。

오월 팔일	시월 십삼일	토요일	생일

4 次の文章を日本語に直しなさい。

1 구월 이십이일은 일요일입니다.

____

2 저는 기분이 좋아요.

____

3 삼월 십삼일은 금요일입니다.

____

4 제 생일은 이월 이십 육일 입니다.

____

12-1

A: 졸업한 지 얼마나 됐어요?
卒業してどれぐらい経ちましたか。

B: 3년정도 됐어요.
3年ぐらい経ちました。

A: 친구들 안 보고 싶어요?
友達に会いたくないですか。

B: 보고 싶어요.
会いたいですよ。

A: 그럼 다음주 토요일에 같이 만날래요?
じゃあ、来週の土曜日に一緒に会いませんか。

B: 좋아요!
いいですよ！

12-2

A: 생일은 언제야?
誕生日はいつなの？

B: 10월 9일이야.
10月9日だよ。

A: 진짜? 10월 9일은 한글날 아니야?
本当？10月9日はハングル日じゃない？

B: 한글날이야!
ハングル日だよ！

A: 생일 때 뭐해?
誕生日に何するの？

B: 가족들이랑 집에서 생일파티를 할 예정이야.
家族たちと家で誕生日パーティーをする予定だよ。

*QRコードを読み込み、韓国語の書き取りをしてください。

A: ______________________________

B: ______________________________

A: ______________________________

B: ______________________________

A: ______________________________

B: ______________________________

A: ______________________________

B: ______________________________

A: ______________________________

B: ______________________________

A: ______________________________

B: ______________________________

韓国の便利な文化

1．交通カードがあれば乗り換えが可能です。
交通カードはコンビニで買えます。チャージはコンビニと地下鉄で可能です。乗り換えはバス→地下鉄、地下鉄→バスの順だと無料で乗り換えが可能です。
（40分以上の遠い距離だと追加料金が発生する。）

2．デリバリー文化
韓国は2013年度からデリバリーアプリが流行り続いて
そこからはどこでもデリバリーを頼むことが出来るようになりました。
ハンガンに行ったらデリバリーピックアップ場所のAエリアBエリアCエリアなどのエリアがあってそこで配達員と待ち合わせします。
このようにデリバリーは外でも頼むことができ、
今後コンビニのデリバリーも可能になるそうです。

3．宅配の場合にも「ロケット配送」が出来る会社があって
そこで商品を購入したら注文した商品が当日か翌日までには宅配がちゃんと届きます。

13과

1. 나는 수학을 잘해요.
2. 나는 운동을 잘 못해요.
3. 나는 한국어를 읽을 수 있어요.
4. 나는 중국어를 읽을 수 없어요.

01 ナヌン　スハグル　ジャルヘヨ
나는 수학을 잘해요.
私は数学が得意です。

「上手だ・良くする・上手くする・得意だ」잘하다

自分が得意で自信のある事を話す時には「~를 잘해요」、相手に上手だと話す時には「~잘하네요」「~잘한다」を使います。

· 나영이는 게임을 잘 합니다.（基本形）
ナヨンイヌン ゲイムル ジャル ハムニダ

· 여동생은 공부를 잘해요.（ヘヨ体）
ヨドンセンウン ゴンブルル ジャルヘヨ

· 나는 요리를 잘 한다.（現在形）
ナヌン ヨリルル ジャルハンダ

· ナヨンはゲームが上手です。
· 妹は勉強が上手です。
· 私は料理が得意だ。

* よく使われてる会話表現

· 良く食べる
(基本形) → (現在形)
잘 먹다　　잘 먹는다
· 良く寝る
(基本形) → (現在形)
잘 자다　　잘 잔다
· 良くする
(基本形) → (現在形)
잘하다　　잘한다
になります。

「〜ね」~네요, ~네

終結語尾で用言や「이다」の語幹または語末語尾「-으시-」「-었-」「-겠」の後ろにも付けられます。
自分の考えを述べたり感嘆したりする時、または相手に同意を求めることを表す。

* いつも「ヘヨ体」を使います。

· 게임 잘 하네요~（ヘヨ体）
ゲイム ジャル ハネヨ

· 게임 잘 하네~（ため口）
ゲイム ジャル ハネ

· 한국어 잘 하네요~（ヘヨ体
ハングゴ ジャル ハネヨ

· 한국어 잘 하네~（ため口）
ハングゴ ジャル ハネ

· ゲーム上手ですね。
· 韓国語上手ですね。

· ゲーム上手だね。
· 韓国語上手だね。

02 ナヌン ウンドンウル ジャル モテヨ
나는 운동을 잘 못해요.
私は運動が下手です。

「上手じゃない・下手だ・苦手だ」の 잘 하지 못한다/잘 못해요

自分とか相手が下手で自信のない事を話す時には
「~을/를 잘 못해요」「~을/를 잘하지 못해요」だと言います。

- 나는 운동을 잘 못해요. =잘 하지 못해요.
  ナヌン ウンドウル ジャル モテヨ
- 저는 영어를 잘 못해요. =잘 하지 못해요.
  チョヌン ヨンオルル ジャル モテヨ
- 저는 요리를 잘 하지 못해요. =잘 못해요.
  チョヌン ヨリルル ジャル ハジ モテヨ

・私は運動が下手です。
・私は英語が苦手です。
・私は料理が上手ではありません。

「~から・~ので」の~(으)니까, ~아/어/여서,~기 때문에

「~から」「~ので」の理由を表す表現です。

- 중국어를 안 배워서 중국어를 몰라요.
  チュングゴルル アン ベウォソ チュングゴルル モンラヨ
- 중국어를 안 배웠기 때문에 중국어를 몰라요.
  チュングゴルル アン ベウォッギ ッテムネ チュングゴルル モンラヨ
- 중국어를 안 배웠으니까 중국어를 몰라요.
  チュングゴルル アン ベウォッスニカ チュングゴルル モンラヨ

・中国語を習ってないから中国語がわからないです。
・中国語を習ってないので中国語がわかりません。
・中国語を習ってないので中国語がわかりません。

★~기 때문에 : 動詞で「다」だけ抜く
パッチム有り : ~(으)니까
パッチム無し : ~니까
名詞 : ~(이)니까

★「~으니까」ㄹ不規則

「날다」に(으)が来るとパッチムが
「ㄹ」なので「ㄹ」が消えて
「나니까」になります。

「パッチムㄹ」が再び来たら
「ㄹ」は一つだけ使います。

単語

운동 運動
배우다 習う
모르다 知らない,分からない

ナヌン　ハングゴルル　イルグル ス イッソヨ

03 나는 한국어를 읽을 수 있어요.

私は韓国語が読めます。

「できる」~(으)ㄹ 수 있다.

可能な能力を表す可能型表現です。

基本形	可能形	読み	意味
하다 (する)	할 수 있다	ハル ス イッタ	できる
가다 (行く)	갈 수 있다	ガル ス イッタ	行ける
먹다 (食べる)	먹을 수 있다	モグル ス イッタ	食べられる
만들다 (作る)	만들 수 있다	マンドゥル ス イッタ	作られる
마시다 (飲む)	마실 수 있다	マシル ス イッタ	飲める

- 나는 요리를 할 수 있어요.
  ナヌン ヨリルル ハル ス イッソヨ
- 나는 케이크를 만들 수 있어요.
  ナヌン ケイクルル マンドゥル ス イッソヨ
- 부산은 기차로 갈 수 있어요.
  プサンウン ギチャロ ガル ス イッソヨ
- 나는 삼계탕을 먹을 수 있어요.
  ナヌン サムゲタンウル モグル ス イッソヨ

・私は料理ができます。
・私はケーキを作られます。
・釜山は汽車で行けます。
・私はサムゲタンが食べられます。

*パッチム有り：~을 수 있다
パッチム無し：~ㄹ 수 있다

単語

만들다 作る
가다 行く
먹다 食べる
부산 釜山
기차 汽車
삼계탕 サムゲタン

04 ナヌン　チュングゴルル　イルグル　ス　オプッソヨ
나는 중국어를 읽을 수 없어요.
私は中国語が読めません。

「できない」~(으)ㄹ 수 없다

不可能な能力を表す可能型表現です。

基本形	不可能形	読み	意味
하다 (する)	할 수 없다	ハル ス オプッタ	できない
가다 (行く)	갈 수 없다	ガル ス オプッタ	行けない
먹다 (食べる)	먹을 수 없다	モグル ス オプッタ	食べられない
만들다 (作る)	만들 수 없다	マンドゥル ス オプッタ	作られない
마시다 (飲む)	마실 수 없다	マシル ス オプッタ	飲めない

* パッチム有り：~을 수 없다
  パッチム無し：~ㄹ 수 없다

- 나는 요리를 할 수 없어요.
  ナヌン ヨリルル ハル ス オプッソヨ
- 나는 케이크를 만들 수 없어요.
  ナヌン ケイクルル マンドゥル ス オプッソヨ

・私は料理ができません。
・私はケーキを作られません。

「できない」~을(를) 못+(基本形)다

基本形	不可能形	読み	意味
하다 (する)	못 한다	モッ ハンダ	できない
가다 (行く)	못 간다	モッ ガンダ	行けない
먹다 (食べる)	못 먹는다	モン モクヌンダ	食べられない
만들다 (作る)	못 만든다	モン マンドゥンダ	作られない
마시다 (飲む)	못 마신다	モン マシンダ	飲めない

- 제주도는 기차로 못 가요.
  チェジュドヌン ギチャロ モッ ガヨ
- 나는 삼계탕을 못 먹어요.
  ナヌン サムゲタンウル モン モゴヨ

・済州島は汽車で行けません。
・私はサムゲタンが食べられません。

単語

제주도 済州島

01

A　여동생은 무엇을 잘해요?（ヨドンセンウン ムォスル ジャルヘヨ）
B　공부를 잘해요.（コンブルル ジャルヘヨ）

A 妹さんは何がお上手ですか。
B 勉強が上手です。

① 요리（ヨリ）
② 청소（チョンソ）
③ 암기（アムギ）
④ 운동（ウンドン）

単語

여동생 妹
공부 勉強
요리 料理
청소 掃除
암기 暗記
운동 運動

02

A　나는 운동을 잘 못해요.（ナヌン ウンドンウル ジャル モッテヨ）

A 私は運動が下手です。

① 요리（ヨリ）
② 청소（チョンソ）
③ 암기（アムギ）
④ 공부（コンブ）

単語

운동 運動
요리 料理
청소 掃除
암기 暗記
공부 勉強

03

ナヌン ハングゴルル イルグル ス イッソヨ
A 나는 한국어를 읽을 수 있어요.

チンチャヨ テダンハネヨ
B 진짜요? 대단하네요.

A 私は韓国語が読めます。

B 本当ですか。すごいですね。

① ヨリ 요리 ハダ 하다
② ケイク 케이크 マンドゥルダ 만들다
③ サムゲタン 삼계탕 モクタ 먹다
④ ハヌル 하늘 ナルダ 날다

単語

케이크 ケーキ
만들다 作る
삼계탕 サムゲタン
먹다 食べる
하늘 空
날다 飛ぶ

04

ナヌン チュングゴルル イルグル ス オプッソヨ
A 나는 중국어를 읽을 수 없어요.

ケンチャナヨ ダンシニラミョン ハル ス イッソヨ
B 괜찮아요. 당신이라면 할 수 있어요.

A 私は中国語が読めません。

B 大丈夫です。あなたならできます。

① ヨリ 요리 ハダ 하다
② ケイク 케이크 マンドゥルダ 만들다
③ トゥンサン 등산 ハダ 하다
④ コンポヨンファ 공포영화 ポダ 보다

単語

등산 山登り
공포영화 ホラー映画
보다 見る

練習問題

1 次の文章を読んで韓国語で書きなさい。

1 ナヨンはゲームが上手です。

2 中国語を習ってないので分からないです。

3 釜山は汽車で行けます。

4 済州島は汽車で行けません。

2 次の文章を完成させなさい。

1 韓国語上手ですね。

한국어

2 私は英語が苦手です。

나는 영어를

3 私はケーキを作ることができます。

나는 케이크를

4 私は料理ができます。

나는 요리를

練習問題

3 日本語の翻訳を参考にして　　　中に正しい言葉を選んで書きなさい

1 나는 한국어를 ＿＿＿ 해요. ← 私は韓国語が上手です。

2 나는 운동을 ＿＿＿ 해요. ← 私は運動が下手です。

3 나는 커피를 마실 ＿＿＿ ← 私はコーヒーを飲むことができます。

4 학교에서는 ＿＿＿ 자요. ← 学校では寝られません。

못　잘　잘못　수 있어요

4 次の文章を日本語に直しなさい。

1 여동생은 공부를 잘해요.

＿＿＿＿＿＿＿＿

2 중국어를 안 배워서 중국어를 몰라요.

＿＿＿＿＿＿＿＿

3 나는 삼계탕을 먹을 수 있어요.

＿＿＿＿＿＿＿＿

4 나는 커피를 마실 수 없어요.

＿＿＿＿＿＿＿＿

13-1

A: 한국어 잘하네요!
韓国語お上手ですね！

B: 아니에요. 아직 잘 못해요.
いいえ、違います。まだ上手じゃないです。

A: 한국어 공부한 지 얼마나 됐어요?
韓国語の勉強してどれぐらい経ちましたか。

B: 2년정도 됐어요.
2年ぐらい経ちました。

A: 저는 일본어 공부한 지 3년정도 됐는데 아직 잘 못해요.
私は日本語の勉強して3年ぐらい経ちましたが、まだ上手じゃないです。

B: 괜찮아요. 같이 공부합시다!
大丈夫です。一緒に勉強しましょう！

13-2

A: 여름에는 기차 여행 갈까?
夏には汽車旅行に行こうか？

B: 좋아. 제주도는 기차 타고 갈 수 있어?
いいよ。済州島は汽車に乗って行ける？

A: 아니. 제주도는 기차로 못 가.
ううん。済州島は汽車で行けないよ。

B: 그럼 부산은?
じゃあ、釜山は？

A: 부산은 기차로 갈 수 있어!
釜山は汽車で行けるよ！

B: 그럼 여름에는 부산여행 하자!
じゃあ、夏には釜山旅行しよう！

*QRコードを読み込み、韓国語の書き取りをしてください。

A: ______________________________

B: ______________________________

A: ______________________________

B: ______________________________

A: ______________________________

B: ______________________________

A: ______________________________

B: ______________________________

A: ______________________________

B: ______________________________

A: ______________________________

B: ______________________________

韓国の観光地を調べてみましょう！

キョンボックン
景福宮(경복궁)

朝鮮時代に作られた五つの宮殿のうち，
最初に作られた宮殿です。
博物館と大きな庭園があります。

ハンガン
漢江(한강)

40個以上のフードトラックがある夜店、
低価格で楽しむことができるヨット、
20分間隔で音楽が流れている虹の噴水、
スワンボートなど異色の遊びが多いです。

ブッチョンハノクマウル
北村韓屋村 (북촌 한옥마을)

600年祖先の痕跡が息づく場所、
14世紀が再現された村で狭い路地に沿って
伝統家屋がずらりと立ち並んでいます。

ヘウンデ
海雲台(해운대)

華やかでエキゾチックな，
14世紀の仏教の寺院である海東龍宮寺、
チャガルチ市場、海水浴場とセンタムシティ、
マリーンシティが有名です。

14과

1. 지금 밥을 먹고 있어요.
2. 아까 밥을 먹고 있었어요.
3. 한국에 온 적이 있어요?
4. 커피를 마셔본 적이 없어요.

01 지금 밥을 먹고 있어요.

ジグム　バブル　モッゴ イッソヨ

今ご飯を食べています。

「~している」~(하)고 있다.

現在している事を表す表現です。

基本形	現在形	読み	意味
하다（する）	하고 있다	ハゴ イッタ	している
가다（行く）	가고 있다	カゴ イッタ	行っている
먹다（食べる）	먹고 있다	モッゴ イッタ	食べている
보다（見る）	보고 있다	ボゴ イッタ	見ている
듣다（聞く）	듣고 있다	ドゥッゴ イッタ	聞いている

・나는 요리를 하고 있어요.
ナヌン ヨリルル ハゴ イッソヨ

・부산은 기차로 가고 있어요.
プサンウン ギチャロ カゴ イッソヨ

・私は料理をしています。
・釜山は汽車で行っています。

*パッチムの有無に関係なく「~고 있다」を付けます。

「~していない」~하지 않고 있다. ~안 (하)고 있다.

現在していない事を表す表現です。

・나는 지금 음악을 듣지 않고 있어요.
ナヌン ジグム ウマグル ドゥッジ アンコ イッソヨ

= 나는 지금 음악을 안 듣고 있어요.
ナヌン ジグム ウマグル アン ドゥッコ イッソヨ

・私は今音楽を聴いていません。

・나는 지금 영화를 보지 않고 있어요.
ナヌン ジグム ヨンファルル ボジ アンコ イッソヨ

= 나는 지금 영화를 안 보고 있어요.
ナヌン ジグム ヨンファルル アン ボゴ イッソヨ

・私は今映画を見ていません。

単語

하다 する
가다 行く
먹다 食べる
보다 見る
듣다 聞く,聴く
기차 汽車
음악 音楽
영화 映画

02 アッカ バブル モッゴ イッソッソヨ
아까 밥을 먹고 있었어요.
さっきご飯を食べていました。

「~していました」~(하)고 있었다.

その際にしていた事を表す表現です。

基本形	現在形	読み	意味
하다（する）	하고 있었다	ハゴ イッソッタ	していた
가다（行く）	가고 있었다	カゴ イッソッタ	行っていた
먹다（食べる）	먹고 있었다	モッゴ イッソッタ	食べていた
보다（見る）	보고 있었다	ボゴ イッソッタ	見ていた
듣다（聞く）	듣고 있었다	ドゥッゴ イッソッタ	聞いていた

* パッチムの有無に関係なく「~고 있었다」を付けます。

・나는 요리를 하고 있었어요.
ナヌン ヨリルル ハゴ イッソッソヨ

・부산은 기차로 가고 있었어요.
プサンウン ギチャロ カゴ イッソッソヨ

・私は料理をしていました。
・釜山は汽車で行っていました。

「~していなかった」~하지 않고 있었다. ~안 (하)고 있었다.

その際にしていなかった事を表す表現です。

・나는 음악을 듣지 않고 있었어요.
ナヌン ウマグル ドゥッジ アンコ イッソッソヨ

= 나는 음악을 안 듣고 있었어요.
ナヌン ウマグル アン ドゥッコ イッソッソヨ

・私は音楽を聴いていませんでした。

・나는 영화를 보지 않고 있었어요.
ナヌン ヨンファルル ボジ アンコ イッソッソヨ

= 나는 영화를 안 보고 있었어요.
ナヌン ヨンファルル アン ボゴ イッソッソヨ

・私は映画を見ていませんでした。

単語

요리 料理
부산 釜山
기차 汽車
음악 音楽
영화 映画
아까 さっき

03 ハングゲ　オン ジョギ イッソッヨ
한국에 온 적이 있어요?
韓国に来たことがありますか。

「~たことがある」の~(으) 적이 있다, ~아/어/여 본 적이 있다

経験した事を表す表現です。

- 자전거를 탄 적이 있어요?
  ジャジョンゴルル タン ジョギ イッソヨ

  = 자전거를 타 본 적이 있어요?
  ジャジョンゴルル タ ボン ジョギ イッソヨ

- 닭갈비를 먹은 적이 있어요?
  タッカルビルル モグン ジョギ イッソヨ

  = 닭갈비를 먹어본 적이 있어요?
  タッカルビルル モゴボン ジョギ イッソヨ

- 프랑스에 간 적이 있어요?
  プランスエ ガン ジョギ イッソヨ

  = 프랑스에 가본 적이 있어요?
  プランスエ ガボン ジョギ イッソヨ

- 요리를 한 적이 있어요?
  ヨリルル ハン ジョギ イッソヨ

  = 요리를 해본 적이 있어요?
  ヨリルル ヘボン ジョギ イッソヨ

・自転車に乗ったことがありますか。
・タッカルビを食べたことがありますか。
・フランスに行ったことがありますか。
・料理をしたことがありますか。

*パッチム有り ：~ㄴ 적이 있다
パッチム無し ：~은 적이 있다

単語

자전거 自転車
닭갈비 タッカルビ
프랑스 フランス

04 コピルル　マショボン　ジョギ オプソヨ
커피를 마셔본 적이 없어요.
コーヒーを飲んだことがありません。

「~たことがない」~(으)ㄴ 적이 없다, ~아/어/여 본 적이 없다

経験していない事を表す表現です。

* A 자전거를 타본 적이 있어요?
  ジャジョンゴルル タボン ジョギ イッソヨ

  B 아니요, 자전거를 타본 적이 없어요.
  アニヨ、ジャジョンゴルル タボン ジョギ オプソヨ

* A 닭갈비를 먹어본 적이 있어요?
  タッカルビルル モゴボン ジョギ イッソヨ

  B 아니요, 닭갈비를 먹어본 적이 없어요.
  アニヨ、タッカルビルル モゴボン ジョギ オプソヨ

* A 프랑스에 간 적이 있어요?
  プランスエ ガン ジョギ イッソヨ

  B 아니요, 프랑스에 가본 적이 없어요.
  アニヨ、プランスエ ガボン ジョギ オプソヨ

* A 요리를 한 적이 있어요?
  ヨリルル ハン ジョギ イッソヨ

  B 아니요, 요리를 해본 적이 없어요.
  アニヨ、ヨリルル ヘボン ジョギ オプソヨ

  * A 自転車に乗ったことがありますか。
    B いいえ、自転車に乗ったことがありません。
  * A タッカルビを食べたことがありますか。
    B いいえ、タッカルビを食べたことがありません。
  * A フランスに行ったことがありますか。
    B いいえ、フランスに行ったことがありません。
  * A 料理をしたことがありますか。
    B いいえ、料理をしたことがありません。

* どちらでも使えますが、否定文では「~(으) ㄴ적이 없다」より「~아/어/여 본 적이 없다」の方がもっと自然です。

* パッチム有り ：~ㄴ 적이 없다
  パッチム無し ：~은 적이 없다

単語

자전거 自転車
닭갈비 タッカルビ
프랑스 フランス

01

A 지금 무엇을 하고 있어요?
(チグム ムオスル ハゴ イッソヨ)

A 今何をしていますか。

B 요리를(을) 하고 있어요.
(ヨリルル ハゴ イッソヨ)

B 料理をしています。

① 공부를 하다 (ゴンブルル ハダ)
② 밥을 먹다 (バブル モクダ)
③ 음악을 듣다 (ウマグル ドゥッダ)
④ 집을 가다 (ジブル ガダ)

単語

밥 ご飯
음악 音楽
돌아가다, 가다 帰る

02

A 아까 무엇을 하고 있었어요?
(アッカ ムオスル ハゴ イッソソヨ)

A さっき何をしていましたか。

B 요리를(을) 하고 있었어요.
(ヨリルル ハゴ イッソソヨ)

B 料理をしていました。

① 공부를 하다 (ゴンブルル ハダ)
② 밥을 먹다 (バブル モクダ)
③ 음악을 듣다 (ウマグル ドゥッダ)
④ 집을 가다 (ジブル ガダ)

単語

밥 ご飯
음악 音楽
돌아가다, 가다 帰る

03

ハングゲソ アイドルル マンナン ジョギ イッソヨ
A 한국에서 아이돌을(를) 만난 적이 있어요?

A 韓国でアイドルに会ったことがありますか。

ジャジョンゴ タダ
① 자전거 타다

ドゥラマ ボダ
② 드라마 보다

ヘンドゥポン サダ
③ 핸드폰 사다

チョバプ モクダ
④ 초밥 먹다

単語

자전거 自転車
타다 乗る
드라마 ドラマ
사다 買う
초밥 寿司

04

ハングク チェグル イルゴ ボン ジョギ イッソヨ
A 한국 책을(를) 읽어 본 적이 있어요?

アニヨ、 ハングク チェグル イルゴ ボン ジョギ オプッソヨ
B 아니요, 한국 책을(를) 읽어 본 적이 없어요.

A 韓国の本を読んだことがありますか。
B いいえ、韓国の本を読んだことがありません。

ジャジョンゴ タダ
① 자전거 타다

ピビンバプ モクダ
② 비빔밥 먹다

ハンガン ガダ
③ 한강 가다

マクコルリ マシダ
④ 막걸리 마시다

単語

책 本
읽다 読む
막걸리 マッコリ
마시다 飲む

練習問題

1 次の文章を読んで韓国語で書きなさい。

1 私は今音楽を聴いていません。

2 私は映画を見ていませんでした。

3 自転車に乗ったことがありますか。

4 いいえ、タッカルビを食べたことがありません。

2 次の文章を完成させなさい。

1 釜山は汽車で行っています。

부산은

2 私は料理をしていました。

나는 요리를

3 フランスに行ったことがありますか。

프랑스에

4 いいえ、自転車に乗ったことがありません。

아니요, 자전거

練習問題

3 日本語の翻訳を参考にして＿＿中に正しい言葉を選んで書きなさい

1 나는 지금 영화를 ＿＿ 있어요. ← 私は今映画を見ていません。

2 나는 음악을 ＿＿ 있었어요. ← 私は音楽を聴いていませんでした。

3 닭갈비를 ＿＿ 이 있어요? ← タッカルビを食べたことがありますか。

4 아니요, 요리를 ＿＿ 이 없어요. ← いいえ、料理はしたことがありません。

안 보고　듣지 않고　먹은 적　해본 적

4 次の文章を日本語に直しなさい。

1 나는 요리를 하고 있어요.

＿＿＿＿＿＿＿＿

2 부산은 기차로 가고 있었어요.

＿＿＿＿＿＿＿＿

3 요리를 해본 적이 있어요?

＿＿＿＿＿＿＿＿

4 아니요, 프랑스에 가본 적이 없어요.

＿＿＿＿＿＿＿＿

14-1

A: 자전거를 타본 적이 있어요?
自転車に乗ったことがありますか。

B: 아니요. 자전거를 타본 적이 없어요.
いいえ、自転車に乗ったことがありません。

A: 한번도 타본 적이 없어요?
一度も乗ったことがありませんか。

B: 네. 자전거 한번 타보고 싶어요.
はい。一度自転車に乗ってみたいです。

A: 한강에서 자전거 타볼래요? 한강은 가본 적이 있어요?
ハンガンで自転車に乗ってみますか。ハンガンは行ったことがありますか。

B: 네. 한강은 가본 적이 있어요!
はい。ハンガンは行ったことがあります！

14-2

A: 아까 뭐 하고 있었어?
さっきなにしてた？

B: 친구를 만났었어.
友達に会ってたよ。

A: 친구랑 뭐 했어? 영화 봤어?
友達となにしたの？映画観た？

B: 아니. 영화는 안 봤어. 같이 밥 먹었어.
ううん。映画は観てないよ。一緒にご飯食べたよ！

A: 지금도 친구랑 있어? 전화 할 수 있어?
今も友達といるの？電話できるの？

B: 아니. 지금은 지하철이라서 전화를 못 해!
ううん。今は地下鉄だから電話ができないよ！

*QRコードを読み込み、韓国語の書き取りをしてください。

A: ____________________

B: ____________________

A: ____________________

B: ____________________

A: ____________________

B: ____________________

A: ____________________

B: ____________________

A: ____________________

B: ____________________

A: ____________________

B: ____________________

韓国の記念日を調べてみましょう！

オボイナル
父母の日(어버이날、親の日)

韓国で毎年５月８日は「父母の日(オボイナル、親の日)」。韓国では「お母さんとお父さん」を合わせて意味する「オボイ」の日(ナル)で、両親へ恩恵に感謝し,大人と老人を敬う伝統的美徳を称える日です。

ハングルナル
ハングルの日(한글날)

世宗大王「세종대왕(セジョンテワン)」が訓民正音「훈민정음(フンミンジョンウム)」を正式に公布したことを記念して制定された記念日(10月9日)です。한글の意味は「한」→「偉大な」、글→「文字」つまり「偉大な文字」という意味を持っているのです。

チュソク
秋夕 (추석)

韓国のお盆は毎年違う日になります。祖先祭祀や墓参を始めとする行事が行われる祭日である旧暦8月15日にあたる日です。毎年秋夕当日とその前後１日ずつが祝日となり、親戚一同が故郷に集まって先祖の墓参りをしたり、秋の収穫に感謝したりします。

15과

1. 버스에서 물을 마셔도 돼요?
2. 버스에서 빵을 먹어서는 안돼요.
3. 드디어 대학생이 되었습니다.
4. 여름이 되면 더워져요.

01 버스에서 물을 마셔도 돼요?

ボスエソ　ムルル　マショド　ドェヨ

バスでお水を飲んでもいいですか。

「~してもいい」~아/어/여도 된다

許可を得る時に使う表現です。

*(ㅏ,ㅗ)~아도 되다
(ㅓ,ㅜ,ㅡ,ㅣ)~어도 되다.

A : 도서관에서 공부를 해도 됩니까?
ドソグァネソ ゴンブルル ヘド ドェムニカ

B : 네, 공부해도 돼요.
ネ、ゴンブヘド ドェヨ

A : 밤에 치킨 먹어도 돼요?
バメ チキン モゴド ドェヨ

B : 네, 먹어도 돼요.
ネ、モゴド ドェヨ

A：図書館で勉強をしてもいいですか？
B：はい、勉強してもいいです。
A：夜にチキン食べてもいいですか？
B：はい、食べてもいいです。

「~しなくてもいい」~(아/어/여) 지 않아도 된다, ~안 (아/어/여) 도 된다.

· 내일은 숙제를 하지 않아도 돼요.
ネイルン スクジェルル ハジ アナド ドェヨ

=내일은 숙제를 안 해도 돼요.
ネイルン スクジェルル アン ヘド ドェヨ

· 가고 싶지 않으면 가지 않아도 돼요.
ガゴ シプジ アヌミョン ガジ アナド ドェヨ

=가고 싶지 않으면 안 가도 돼요.
ガゴ シプジ アヌミョン アン ガド ドェヨ

=안 가고 싶으면 안 가도 돼요.
アン ガゴ シプミョン アン ガド ドェヨ

· 明日は宿題をしなくてもいいです。
· 行きたくなければ行かなくてもいいです。

02 버스에서 빵을 먹어서는 안돼요.

ボスエソ　パンウル　モゴソヌン　アンドェヨ

バスでパンを食べてはいけません。

「～してはいけない」~(으)면 안된다, ~해서는 안 된다

*(動詞)

物事を禁止する時に使う表現です。

· 학생은 술을 마시면 / 마셔서는 안됩니다.
ハクセンウン スルル マシミョン / マショソヌン アンドェムニダ

= 학생은 술을 마시면 / 마셔서는 안돼요.
ハクセンウン スルル マシミョン / マショソヌン アンドェヨ

· 밤에 사과를 먹으면 / 먹어서는 안됩니다.
バメ サグァルル モグミョン / モゴソヌン アンドェムニダ

= 밤에 사과를 먹으면 / 먹어서는 안돼요.
バメ サグァルル モグミョン / モゴソヌン アンドェヨ

· 学生はお酒を飲んではいけません。
· 夜にリンゴを食べてはいけません。

「～してはいけない」~말아야 할, ~(으)면 안되는

*(名詞)

どちらも意味は同じですが、「~으면 안되는」より「~말아야 할」の方が強く禁止する表現です。

· 운동 후 먹지 말아야 할 음식
ウンドン フ モクジ マラヤ ハル ウムシク

= 운동 후 먹으면 안 되는 음식
ウンドン フ モグミョン アン ドェヌン ウムシク

· 잊지 말아야 할 것
イッジ マラヤ ハル ゴッ

= 잊으면 안 되는 것
イジュミョン アン ドェヌン ゴッ

· 運動後、食べてはいけない食べ物。
· 忘れてはいけないこと。

単語

학생 学生
술 お酒
밤 夜
사과 リンゴ
운동 運動
잊다 忘れる

03 ドゥディオ デハクセンイ ドェオッスムニダ
드디어 대학생이 되었습니다.
いよいよ大学生になりました。

「〜になる」~가/이 되다

状態が変化することを表します。名詞につきます。

- 며칠 후에는 새해가 됩니다.
  ミョチル フエヌン セヘガ ドェムニダ
- 병아리는 언젠가 닭이 돼요.
  ビョンアリヌン オンジェンガ ダギ ドェヨ
- 비행기가 결항이 되었습니다.
  ビヘンギガ ギョルハンイ ドェオッスムニダ

・数日後には新年になります。
・ひよこはいつか鶏になります。
・飛行機が欠航になりました。

*「~になる」の「に」は 가/이 になります。間違えないように気を付けてください。

*「되었습니다」は「됐습니다」にも使えます。韓国人もよく間違える表現です。

「〜ことになる」~게 되다

副詞・動詞・形容詞につき、意味は「~になる」と同じですが、「~ことに」が「게」になります。動詞や存在詞の語幹につきます。

- ５월에 귀국하게 되었습니다.
  オウォレ グィグカゲ ドェオッソムニダ
- 아파서 병원에 입원하게 되었습니다.
  アパソ ビョンウォネ イブォンハゲ ドェオッソムニダ
- 다음 달에 결혼하게 되었어요.
  ダウム ダレ ギョロンハゲ ドェオッソヨヨ

・5月に帰国することになりました。
・痛くて病院に入院することになりました。
・来月に結婚することになりました。

単語

드디어 いよいよ
며칠 数日
새해 新年
병아리 ひよこ
닭 鶏
비행기 飛行機
결항 欠航
귀국 帰国
입원 入院

04 여름이 되면 더워져요.

ヨルミ　ドェミョン ドウォジョヨ

夏になると暑くなります。

「～くなる」~아/어 지다

状態が徐々に変化するときに使う表現です。イ形容詞につきます。

· 핸드폰 업데이트를 하면 핸드폰이 빨라집니다.
  ヘンドゥポン オップデイトルル ハミョン ヘンドゥポニ ッパルラジムニダ

· 발표를 하면 목소리가 작아져요.
  バルピョルル ハミョン モクソリガ ジャガジョヨ

· 슬픈 영화를 보면 슬퍼져요.
  スルプン ヨンファルル ボミョン スルポジョヨ

· ケータイアップデートをしたらケータイが早くなります。
· 発表をしたら声が小さくなります。
· 悲しい映画を見たら悲しくなります。

「～になる」~아/어 지다

状態が徐々に変化するときに使う表現です。ナ形容詞につきます。

· 화장을 하면 예뻐집니다.
  ファジャンウル ハミョン イェッポジムニダ

· 옷이 작으면 불편해져요.
  オシ ジャグミョン ブルピョンヘジョヨ

· 마음이 편안해져요.
  マウミ ピョナネジョヨ

· 化粧をしたら綺麗になります。
· 服が小さかったら不便になります。
· 気が楽になります。

単語

핸드폰 ケータイ
업데이트 アップデート
발표 発表
목소리 声
화장 化粧
예쁘다 綺麗だ
옷 服
마음 気,心

01

チョゴ　モゴド　ドェヨ
A　저거 **먹어**도 돼요?

ネ、　モゴド　ドェヨ
B　네, **먹어**도 돼요.

A あれ食べてもいいですか。

B はい。食べてもいいですよ。

マシダ
① 마시다

ボダ
② 보다

イクッタ
③ 읽다

サダ
④ 사다

単語

저것 あれ
사다 買う

02

チョゴ ジグム モゴド　ドェヨ
A　저거 지금 **먹어**도 돼요?

アニヨ、　ジグム モグミョン アンドェヨ
B　아니요, 지금 **먹으**면 안돼요.

A あれ今食べてもいいですか。

B いいえ、今食べてはいけません。

マシダ
① 마시다

ボダ
② 보다

イクッタ
③ 읽다

サダ
④ 사다

単語

저것 あれ
사다 買う

03

A スムサリ 20살이(가)(게) ドェオッスムニダ 되었습니다.

A 20歳になりました。

① セヘ 새해
② ビョンギョン 변경
③ サムウォルブト ハッキョルル ガダ 3월부터 학교를 가다
④ ヨルメ プランスロ ヨヘンウル ガダ 여름에 프랑스로 여행을 가다

単語

새해 新年
변경 変更
여름 夏

04

A サンチェグル ハミョン マウミ ピョナネジョヨ 산책을 하면 마음이 편안해져요.

A 散歩をしたら気が楽になります。

① ギブニ ジョタ 기분이 좋다
② ジョルリダ 졸리다
③ ヘンボカダ 행복하다
④ ゴンガンハダ 건강하다

単語

산책 散歩
졸리다 眠い
행복하다 幸せだ
건강하다 健康だ

練習問題

1 次の文章を読んで韓国語で書きなさい。

1 はい。勉強してもいいです。

2 夜にリンゴを食べてはいけません。

3 数日後には新年になります。

4 ケータイアップデートをしたらケータイが早くなります。

2 次の文章を完成させなさい。

1 明日は宿題をしなくてもいいです。

내일은 숙제를

2 忘れてはいけないこと。

잊 것

3 5月に帰国することになりました。

5월에 귀국

4 気が楽になります。

마음이

練習問題

3 日本語の翻訳を参考にして　　　中に正しい言葉を選んで書きなさい

1 밤에 치킨 　　　 ?　←　夜にチキンを食べてもいいですか。

2 운동 후 먹지 　　　 음식.　←　運動後、食べてはいけない食べ物。

3 병아리는 언젠가 닭이 　　　 .　←　ひよこはいつか鶏になります。

4 슬픈 영화를 보면 슬퍼 　　　 .　←　悲しい映画を見たら悲しくなります。

먹어도 돼요　돼요　말아야 할　져요

4 次の文章を日本語に直しなさい。

1 가고 싶지 않으면 안 가도 돼요.

____

2 학생은 술을 마셔서는 안됩니다.

____

3 다음 달에 결혼하게 되었어요.

____

4 옷이 작으면 불편해져요.

____

15-1

A: 어떻게 하죠? 3월에는 비행기가 전부 결항이 되었어요.
どうしたらいいのですか。3月には飛行機が全部欠航になりました。

B: 그럼 한국에는 언제 올 수있어요?.
じゃあ、韓国にはいつ来れますか。

A: 3월에는 못 가고 4월에 갈 수 있어요.
3月には行けなくて、4月に行けます。

B: 진짜요? 한국으로 귀국하는 것이 점점 힘들어지네요..
本当ですか。韓国に帰国するのがだんだん大変になりますね。

A: 4월에 귀국하니까 그때 만나요.
4月に帰国するからその時会いましょう。

B: 네. 알겠어요!
はい。わかりました！

15-2

A: 아 배고파. 나영아 치킨 먹을래?
あーお腹すいた。ナヨン、チキン食べる？

B: 아니. 나 지금 다이어트 중이야.
ううん。私今ダイエット中だよ。

A: 내가 살게. 같이 먹자!
私がおごるよ。一緒に食べよう！

B: 나 지금 다이어트 중이라서 치킨을 먹으면 안돼...
私今ダイエット中だからチキンを食べてはいけないよ…

A: 다이어트는 내일부터 같이 하자! 같이 운동하자.
ダイエットは明日から一緒にしよう！一緒に運動しよう。

B: 그럴까? 약속이야!
そうしようか？約束だよ！

*QRコードを読み込み、韓国語の書き取りをしてください。

A: ______________________________

B: ______________________________

A: ______________________________

B: ______________________________

A: ______________________________

B: ______________________________

A: ______________________________

B: ______________________________

A: ______________________________

B: ______________________________

A: ______________________________

B: ______________________________

韓国の食べ物を調べてみましょう！

삼겹살 サムギョプサル
돼지고기 トェジゴギ　소고기 ソゴギ
갈비 カルビ　목살 モクサル

부대찌개 プデチゲ　김치찌개 キムチチゲ
된장찌개 テェンジャンチゲ
순두부찌개 スンドゥブチゲ

치킨 チキン
양념치킨 ヤンニョムチキン

찜닭 チムタク
닭갈비 タクカルビ
닭발 タクッパル

냉면 ネンミョン
비빔냉면 ピビムネンミョン

비빔밥 ピビンバプ
돌솥 비빔밥 トルソッピビンバプ

16과

1. 집에서 학교까지 얼마나 걸려요?
2. 매일 한국어 단어를 20개씩 외우려구요.
3. 학생이라면 공부를 해야돼요.
4. 여동생에게 용돈을 줬어요.

01 집에서 학교까지 얼마나 걸려요?

ジベソ　ハッキョッカジ　オルマナ　ゴルリョヨ

家から学校までどれぐらいかかりますか？

活用 1「〜から〜まで」~에서 ~까지

場所を表すときに使います。

- 여기서 병원까지 얼마나 걸립니까?
  ヨギソ ビョンウォンッカジ オルマナ ゴルリムニカ
- 집에서 지하철까지 얼마나 걸려요?
  ジベソ ジハチョルッカジ オルマナ ゴルリョヨ
- 한국에서 캐나다까지 얼마나 걸려요?
  ハングゲソ ケナダッカジ オルマナ ゴルリョヨ

・ここから病院までどれぐらいかかりますか。
・家から地下鉄までどれぐらいかかりますか。
・韓国からカナダまでどれぐらいかかりますか。

活用 2「〜から〜まで」~부터 ~까지

時の流れを表すときに使います。

- 아침부터 밤까지 공부했어요.
  アチムブト バムッカジ ゴンブヘッソヨ
- 어제부터 오늘까지 비가 내렸어요.
  オジェブト オヌルッカジ ビガ ネリョッソヨ
- 학교는 오전 9시부터 오후 4시까지예요.
  ハッキョヌン オジョン アホプシブト オフ ネシーッカジエヨ

・朝から晩まで勉強しました。
・昨日から今日まで雨が降りました。
・学校は午前9時から午後4時までです。

*「かかりますか」は韓国語の「걸려요?」と「들어요?」です。例えば、「お金はどれぐらいかかりますか。」だと、「돈은 얼마나 들어요?」になります。

*パッチム有り：에서
パッチム無し：서

単語

걸리다, 들다 かかる
병원 病院
지하철 地下鉄
아침 朝
밤 晩
비 雨
내리다 降る
공부 勉強

02 매일 단어를 20개씩 외우려고요.

メイル　ダノルル　イシップゲッシク　オェウリョグヨ

毎日単語を20個ずつ覚えようと思います。

「～しようと思う / ～しようとする」~(으)려고 생각하다, ~(으)려고 하다

何かをしようという意図や計画の意味が含まれている文法です。

- 한국어를 배우려고 해요.
  ハングゴルル ベウリョゴ ヘヨ
- 부산으로 여행을 가려고 해요.
  プサンウロ ヨヘンウル カリョゴ ヘヨ
- 수영 한 후에 씻으려고 합니다.
  スヨン ハン フエ ッシスリョゴ ハムニダ
- 주말에는 소설을 읽으려고 합니다.
  チュマレヌン ソソルル イルグリョゴ ハムニダ

・韓国語を習おうと思います。
・釜山へ旅行に行こうと思います。
・水泳した後に洗おうと思います。
・週末に小説を読もうと思います。

*動詞パッチム有り＋으려고 하다
動詞パッチム無し＋려고 하다

「パッチムㄹ / パッチムㄷ」

前にくる動詞がㄹ子音(パッチム)で終わるときには「려고 하다」を使います。パッチムㄷはㄹに変化します。

- 나는 집에 빨리 가려고 해요.
  ナヌン ジベ ッパンリ カリョゴ ヘヨ
- 저녁으로 김치찌개를 만들려고 해요.
  チョニョグロ キムチチゲルル マンドゥルリョゴ ヘヨ
- 모르는 사람에게 길을 물으려고 합니다.
  モルヌン サラメゲ ギルル ムルリョゴ ハムニダ

・私は家に早く帰ろうと思います。
・夕食にキムチチゲを作ろうと思います。
・知らない人に道を聞こうと思います。

単語

주말 週末
소설 小説
저녁,저녁밥 夕食
김치찌개 キムチチゲ
모르는 사람 知らない人
길 道
묻다 聞く

03 ハクセンイラミョン ゴンブルル ヘヤドェヨ
학생이라면 공부를 해야돼요.
学生なら勉強をしなければなりません。

「～しなければ / ～しないと」~야 되다, ~야 하다

動詞の連用形＋야 하다(되다)で前の言葉が意味する行動をしたり、状態になることが必要であることを表します。

- 이건 꼭 사야 해.
  イゴン ッコク サヤ ヘ
- 남을 사랑하기 전에 나를 먼저 사랑해야 해.
  ナムル サランハギジョネ ナルル モンジョ サランヘヤ ヘ
- 내일이 시험이라 공부해야 돼.
  ネイリ シホミラ ゴンブヘヤ ドェ

・これは必ず買わないと。
・他の人を愛する前に私を先に愛さなければならない。
・明日が試験だから勉強しなきゃいけない。

*ㅏ·ㅗ + 아야 되다(하다)
ㅏ·ㅗ以外 + 어야 되다(하다)

*ため口の場合、
ㅏ·ㅗ + 아야 돼(해)
ㅏ·ㅗ以外 + 어야 돼(해)

「～しなければならない」~지 않으면 안된다, ~야 되다

強い肯定で義務、当然そうあるべきことを表します。

- 건강을 위해서 운동을 하지 않으면 안 돼요.
  ゴンガンウル ウィヘソ ウンドンウル ハジ アヌミョン アン ドェヨ
- 은행은 오후 4시 전까지 가야 돼요.
  ウンヘンウン オフ ネシー ジョンッカジ カヤ ドェヨ
- 빵은 오늘까지 먹어야 돼요.
  ッパンウン オヌルッカジ モクヤ ドェヨ

・健康のために運動をしなければなりません。
・銀行は午後4時までに行かなければなりません。
・パンは今日までに食べなければなりません。

単語

꼭, 반드시 必ず
남, 다른 사람 他の人
전 前
건강 健康
은행 銀行
~까지 ～まで

04 여동생에게 용돈을 줬어요.

ヨドンセンエゲ　ヨンドヌル　ジョッソヨ

妹にお小遣いをあげました。

「もらう、頂く、受ける、受け取る」받다

動詞でもらう、頂く、受ける、受け取るという表現です。

- 오늘은 생일이라서 부모님께 선물을 받았어요.
  オヌルン センイリラソ ブモニムッケ ソンムルル バダッソヨ
- 외국인 친구에게 편지를 받았어요.
  オェグギン チングエゲ ピョンジルル バダッソヨ
- 시험에서 백점을 받았어요.
  シホメソ ベックジョムル バダッソヨ

・今日は誕生日だから両親からプレゼントをもらいました。
・外国人の友達から手紙をもらいました。
・試験で百点をもらいました。

*(誰)から~에게, ~로부터
外国人の友達：名詞の間の「の」はなくなります。なので、외국인의 친구ではなく、외국인 친구になります。

「あげる、くれる」주다

「주다」は「あげる」と「くれる」という意味です。「誰が」にあたる「主語」が大事です。動詞아/어+「주다」の形態によく使われています。

- 나는 발렌타인데이 때 친구에게 초콜렛을 줬어요.　主語：私
  ナヌンバルレンタインデイッテ チングエゲ チョコレスル ジョッソヨ
- 친구가 나에게 교과서를 줬어요.　主語：友達
  チングガ ナエゲ ギョグァソルル ジョッソヨ
- 나는 부모님께 용돈을 드렸어요.　主語：私
  ナヌン ブモニムッケ ヨンドヌル ドゥリョッソヨ
- 부모님이 나에게 용돈을 주셨어요.　主語：両親
  ブモニミ ナエゲ ヨンドヌル ジュショッソヨ

・バレンタインデーの時に友達にチョコレートをあげました。
・友達が私に教科書をくれました。
・私は両親にお小遣いを差し上げました。
・両親が私にお小遣いをくださいました。

*주었어요 = 줬어요

*目上の人＝
드리다（差し上げる）
주시다（くださる）

単語

부모님 両親
편지 手紙
시험 試験,テスト
점 点
발렌타인데이 バレンタインデー
교과서 教科書
용돈 お小遣い

01

ジベソ ビョンウォンッカジ オルマナ ゴルリョヨ
A 집에서 병원까지 얼마나 걸려요?

A 家から病院までどれぐらいかかりますか。

①	ハングク 한국	ケナダ 캐나다
②	コンハン 공항	ホテル 호텔
③	ヨギ 여기	チハチョル 지하철
④	ハッキョ 학교	チプ 집

単語

공항 空港
호텔 ホテル
여기 ここ
지하철역 地下鉄
학교 学校

02

チュマレヌン ムオスル ハセヨ
A 주말에는 무엇을 하세요?
ハングゴルル ベウリョゴ ヘヨ
B 한국어를(을) 배우려고 해요.

A 週末は何をしますか。
B 韓国語を習おうと思います。

①	チェック 책	イクッタ 읽다
②	キムチチゲ 김치찌개	マンドゥルダ 만들다
③	プサンヨヘン 부산여행	カダ 가다
④	テチョンソ 대청소	ハダ 하다

単語

책 本
김치찌개 キムチチゲ
부산 釜山
여행 旅行
대청소 大掃除

03

A 아침부터 밤까지 공부해야 돼.
(アチムブト バムッカジ ゴンブヘヤ ドェ)

A 朝から晩まで勉強しなきゃいけない。

①	지금 (ジグム)	밤 (バム)	숙제 (スクチェ)
②	오늘 (オヌル)	다음 달 (タウム ダル)	다이어트 (ダイオトゥ)
③	9시 (アホプシ)	5시 (ダソッシ)	일 (イル)
④	머리 (モリ)	발끝 (バルックッ)	변신 (ビョンシン)

単語

숙제 宿題
다음 달 来月
다이어트 ダイエット
일하다 働く
머리부터 발끝까지
頭からつま先まで
변신 変身

04

A 편지를(을) 받았어요.
(ピョンジルル バダッソヨ)

A 手紙をもらいました。

① 선물 (ソンムル)
② 용돈 (ヨンットン)
③ 연락처 (ヨンラクチョ)
④ 초콜렛 (チョコレッ)

単語

선물 プレゼント
용돈 お小遣い
연락처 連絡先

練習問題

1 次の文章を読んで韓国語で書きなさい。

1 ここから病院までどれぐらいかかりますか。

2 私は家に早く帰ろうと思います。

3 パンは今日までに食べなければなりません。

4 外国人の友達から手紙をもらいました。

2 次の文章を完成させなさい。

1 朝から晩まで勉強しました。

아침 밤 공부했어요.

2 韓国語を習おうと思います。

한국어를 배우

3 これは必ず買わないと。

이건 꼭

4 友達が私に教科書をくれました。

친구가 나에게

練習問題

3 日本語の翻訳を参考にして＿＿＿中に正しい言葉を選んで書きなさい

1 어제 ＿＿＿ 오늘 ＿＿＿ 비가 내렸어요. ← 昨日から今日まで雨が降りました。

2 부산으로 여행을 가 ＿＿＿. ← 釜山へ旅行に行こうと思います。

3 내일이 시험이라 공부 ＿＿＿. ← 明日が試験だから勉強しなきゃいけない。

4 시험에서 백점을 ＿＿＿. ← 試験で百点をもらいました。

려고 해요　해야 돼　부터·까지　받았어요

4 次の文章を日本語に直しなさい。

1 여기서 병원까지 얼마나 걸립니까?

＿＿＿＿＿＿＿＿＿＿

2 저녁으로 김치찌개를 만들려고 해요.

＿＿＿＿＿＿＿＿＿＿

3 남을 사랑하기 전에 나를 먼저 사랑해야 해.

＿＿＿＿＿＿＿＿＿＿

4 부모님이 나에게 용돈을 주셨어요.

＿＿＿＿＿＿＿＿＿＿

16-1

A: 어제 생일이었어요?
昨日お誕生日でしたか。

B: 네. 알고 있었어요?
はい。知っていましたか。

A: 물론이죠! 생일 선물은 많이 받았어요?
もちろんですよ！誕生日プレゼントはたくさんもらいましたか。

B: 아니요. 부모님이랑 친구 두명한테 선물을 받았어요.
いいえ、親と友達二人からプレゼントをもらいましたよ。

A: 생일 축하해요~ 이거 나영 씨 거예요. 늦어서 미안해요.
お誕生日おめでとうございます~これナヨンさんのです。遅れてごめんなさい。

B: 괜찮아요. 우와~ 너무 예뻐요. 감사해요!
大丈夫ですよ。うわーとても綺麗です。ありがとうございます！

16-2

A: 오늘은 뭐해?
今日は何するの？

B: 다음 주에 시험이 있어서 아침부터 밤까지 공부 해야 돼.
来週に試験があって、朝から晩まで勉強しなきゃ。

A: 괜찮아? 건강을 위해서 조금은 쉬어야 돼.
大丈夫？健康のために少しは休まないと！

B: 응. 1시간에 10분정도는 쉬려고 해.
うん。1時間に10分ぐらいは休もうと思うよ。

A: 맞아. 무리하면 안돼.
そう。無理したらだめだよ。

B: 걱정해줘서 고마워.
心配してくれてありがとう。

*QRコードを読み込み、韓国語の書き取りをしてください。

A: ______________________________

B: ______________________________

A: ______________________________

B: ______________________________

A: ______________________________

B: ______________________________

A: ______________________________

B: ______________________________

A: ______________________________

B: ______________________________

A: ______________________________

B: ______________________________

韓国の特産品を調べてみましょう！

問題解説

第一課

1 (1) 당신의 이름은 무엇입니까? / 뭐예요?
(2) 눈이다.
(3) 아니요, 외국인이 아닙니다. / 아니에요.
(4) 우리는 친구입니다. / 친구예요.
2 (1) 한국인 입니다. / 이에요.
(2) 다.
(3) 야? 니?
(4) 형/오빠,누나/언니
3 (1) 이름
(2) 저는
(3) 아닙니다
(4) 당신은
4 (1) 아니, 친구 아니야.
(2) 아니요, 외국인이 아닙니다. / 아니에요.
(3) 아니요, 저의 남자친구가 아닙니다. / 아니에요.
(4) 아니요, 당신의 가족이 아닙니다. / 아니에요.

第二課

1 (1) 그것은 시계입니다. / 그것은 시계예요.
(2) 어느것이 시계입니까? / 시계예요?
(3) 이 시계는 누구 것 입니까? / 누구 거예요?
(4) 그 시계는 송희 것 입니다. / 송희 거예요.
2 (1) 나의/내
(2) 우체국
(3) 저쪽
(4) 저것
3 (1) 어느 쪽
(2) 이쪽
(3) 어디
(4) 저쪽
4 (1) ここは病院ですか。
(2) コンビニはこちらにあります。
(3) 美容院はどちらにありますか。
(4) デパートはあちらにあります。

第三課

1 (1) 질문 있습니까? / 있어요?
(2) 아니요, 없습니다. / 없어요.
(3) 동물원에 강아지가 있었습니까? / 있었어요?
(4) 편의점 옆에 카페가 있습니다. / 있어요.
2 (1) 있어?
(2) 없어.
(3) 공원, 있었어?
(4) 뒤에, 있었어.
3 (1) 방 안
(2) 옆
(3) 거울
(4) 충전기
4 (1) 家の中にプールはありません。
(2) 車に子犬がいませんでしたか。
(3) 昨日家の前に猫がいました。
(4) カフェの近くにない。

第四課

1 (1) 달아요. / 답니다.
(2) 읽어요. / 읽습니다.
(3) 멀어요. / 멉니다.
(4) 가벼워요. / 가볍습니다.
2 (1) 책을 읽습니다. / 읽어요.
(2) 춥습니다. / 추워요.
(3) 듣습니다. / 들어요.
(4) 어떻습니까? / 어때요?
3 (1) 몰라요.
(2) 들어요.
(3) 추워요.
4 (1) テレビを見ます。
(2) 天気が良いです。
(3) 公園を歩きます。
(4) 水が流れます。

第五課

1 (1) 많았습니다. / 많았어요.
(2) 마셨습니다. / 마셨어요.
(3) 이사했습니다. / 이사했어요.
(4) 추웠습니다. / 추웠어요.
2 (1) 좋았습니다. / 좋았어요.
(2) 읽었습니다. / 읽었어요.
(3) 일 했습니다. / 일 했어요.
(4) 걸었습니다. / 걸었어요.
3 (1) 봤어요.
(2) 아팠어요.
(3) 도와요.
4 (1) 怒りました。
(2) 立ちました。
(3) 宿題しました。
(4) 赤かったです。

第六課

1 (1) 놉니다. / 놀아요.
(2) 오늘은 친구를 만나지 않습니다. / 안 만나요.
(3) 로션을 발랐습니다. / 발랐어요.
(4) 오늘은 친구를 만나지 않았습니다. / 않았어요.
2 (1) 학원에 갑니다. / 가요.
(2) 먹지 않습니다. / 먹지 않아요. / 안 먹어요.
(3) 가지 않았습니다. / 가지 않았어요. / 안 갔어요.

(4) 가지 않았습니다. / 가지 않았어요.
3 (1) 당근은 안 먹었어요.
(2) 쓰레기를 주웠습니다.
(3) 오늘은 친구 안 만나요.
4 (1) 廊下では走りません。
(2) お酒は飲みません。
(3) 公園は広かったです。
(4) 妹は私より若いです。

第七課

1 (1) 기분이 좋아.
(2) 저는 친구와 여행하는 것을 좋아해요.
(3) 몸이 안 좋아요. / 몸이 좋지 않아요
(4) 병원에 가는 것이 싫어요.
2 (1) 를 좋아합니다. / 를 좋아해요.
(2) 좋아합니까? / 좋아해요?
(3) 좋네요.
(4) 좋지 않은
3 (1) 요리
(2) 상황
(3) 케이크
(4) 운동
4 (1) お母さんは旅行が好きです。
(2) 運動は健康に良いです。
(3) タバコの匂いが嫌いです。
(4) 勉強するのが嫌いです。

第八課

1 (1) 점심에 커피를 마신다.
(2) 약속 합시다.
(3) 밥 먹을까?
(4) 도서관에서 공부 하지 않을래요?
2 (1) 만난다.
(2) 들을까?
(3) 볼까?
(4) 먹지 않을래요?
3 (1) 저녁에 고기를 먹는다.
(2) 여기에 앉자.
(3) 같이 저녁 먹지 않을래?
4 (1) 私は毎日新聞を読む。
(2) 韓国語の勉強しよう。
(3) 宿題しようか。
(4) 一緒に映画見ない？

第九課

1 (1) 이것은 커피고, 그것은 케이크입니다.
(2) 차는 멈추지 않고 갔습니다.
(3) 꽃을 사고 그녀(여자친구)에게 선물 했습니다.
(4) 수고스럽겠지만, 잘 부탁드립니다.
2 (1) 먹고
(2) 말고
(3) 늦어서
(4) 좋아하지만
3 (1) 어제는 일을 하지 않고 쉬었습니다.
(2) 김치찌개를 먹어서 배가 불러요.
(3) 수고스럽겠지만 잘 부탁드립니다.
4 (1) 彼はとても静かで不便です。
(2) 友達は背が高いけど、私は背が低い。
(3) そこに行かずにここに来てください。
(4) 私は塾に行って、友達はコンサートに行きました。

第十課

1 (1) 빨간 꽃.
(2) 예쁘지 않은 사람.
(3) 겨울방학에 어디로 여행 갈 예정입니까? / 예정이에요?
(4) 아직 보지 않은 영화가 있습니다.
2 (1) 상냥한, 자상한, 착한
(2) 하얗지 않은
(3) 들을
(4) 낫지 않을
3 (1) 귀여운 사람.
(2) 어제 먹은 음식은 뭐예요?
(3) 거짓말을 하지 않는 사람도 있어요.
(1) 親切な人ですね。
4 (2) 賢くない人ですね。
(3) 今発表をしている人は誰ですか。
(4) キムチは飽きない食べ物です。

第十一課

1 (1) 친구는 커피를 마시고 싶어합니다.
(2) 남동생은 학교에 가고싶지 않아 합니다.
(3) 공원을 걸으면 기분이 좋습니다.
(4) 저라면 그렇게 안 합니다. / 안 해요.
2 (1) 싫어합니다.
(2) 않아 합니다.
(3) 오면
(4) 이면
3 (1) 친구는 30살에 결혼하고 싶어 해요.
(2) 남동생은 학교에 가고 싶지 않아 해요.
(3) 음악을 들으면 춤을 춥니다.
(1) 部屋を掃除したいです。
4 (2) コーヒーを飲みたくないです。
(3) 宿題が無かったら家で映画を見ます。
(4) 昼休みにコーヒーを飲むつもりです。

第十二課

1 (1) 20살
(2) 몇살이세요?
(3) 생일은 언제예요?
(4) 무슨 요일이에요?
2 (1) 95년생 입니다.
(2) 동갑이네요.
(3) 23살입니다.
(4) 지난주, 수요일에는
3 (1) 생일
(2) 오월 팔일
(3) 토요일
(4) 시월 십삼일
4 (1) 9月22日は日曜日です。
(2) 12月25日は水曜日です。
(3) 3月13日は金曜日です。
(4) 私の誕生日は2月26日です。

第十三課

1 (1) 나영이는 게임을 잘합니다. / 잘해요.
(2) 중국어를 배우지 않아서 모릅니다. / 몰라요.
(3) 부산은 기차로 갈 수 있습니다. / 갈 수 있어요.
(4) 제주도는 기차로 갈 수 없습니다. / 갈 수 없어요.
2 (1) 잘하네요.
(2) 잘 못합니다. / 잘 못해요.
(3) 만들 수 있습니다. / 만들 수 있어요.
(4) 할 수 있습니다. / 할 수 있어요.
3 (1) 잘
(2) 잘 못
(3) 수 있어요
(4) 못
4 (1) 妹は勉強が上手です。
(2) 中国語を習ってないので分からないです。
(3) 私はサムゲタンを食べられます。食べることが出来ます。
(4) 私はコーヒーを飲むことが出来ません。飲めません。

第十四課

1 (1) 저는 지금 음악을 듣지 않고 있어요. / 안 듣고 있어요.
(2) 저는 영화를 보지 않았어요. / 안 보고 있었어요.
(3) 자전거를 탄 적이 있어요?
(4) 아니요, 닭갈비를 먹은 적이 / 먹어본 적이 없어요.
2 (1) 기차로 가고 있습니다.
(2) 하고 있었어요.
(3) 간 적이 있어요? / 가 본 적이 있어요?
(4) 를 탄 적이 없어요. / 를 타본 적이 없어요.
3 (1) 안 보고
(2) 듣지 않고
(3) 먹은 적
(4) 해본 적
4 (1) 私は料理をしていました。
(2) 釜山は汽車で行っていました。
(3) 料理をしたことがありますか。
(4) いいえ、フランスに行ったことがありません。

第十五課

1 (1) 네. 공부 해도 돼요.
(2) 밤에 사과를 먹어서는 안돼요.
(3) 며칠 후에는 새해가 됩니다.
(4) 핸드폰 업데이트를 하면 핸드폰이 빨라집니다.
2 (1) 하지 않아도 돼요. / 안 해도 돼요.
(2) 지 말아야 할 / 으면 안되는
(3) 하게 되었습니다.
(4) 편해져요.
3 (1) 먹어도 돼요
(2) 말아야 할
(3) 돼요
(4) 져요
4 (1) 行きたくなければ行かなくてもいいです。
(2) 学生はお酒を飲んではいけません。
(3) 来月に結婚することになりました。
(4) 服が小さかったら不便になります。

第十六課

1 (1) 여기서 병원까지 얼마나 걸립니까? / 걸려요?
(2) 나는 집에 빨리 갈려고 해요.
(3) 빵은 오늘까지 먹지 않으면 안 돼요.
(4) 외국인 친구에게 편지를 받았어요.
2 (1) 부터·까지
(2) 동갑이네요.
(3) 려고 해요.
(4) 교과서를 줬어요.
3 (1) 부터·까지
(2) 려고 해요
(3) 해야 돼
(4) 받았어요
4 (1) ここから病院までどれぐらいかかりますか。
(2) 夕食でキムチチゲを作ろうと思います。
(3) 他の人を愛する前に私を先に愛さなければならない。
(4) 両親が私にお小遣いをくださいました。

単語

ㄱ

가게 店
가다 行く
가방 カバン
가볍다 軽い
가수 歌手
각도 角度
갈다,교체하다 取り替える
갈비 カルビ
감사합니다, 고맙습니다
ありがとうございます
강남역 江南駅
강아지 子犬
같이 一緒に
개천절 建国記念日
거기 そこ
거북이 亀
거울 鏡
거짓말 嘘
건강 健康
건강검진 健康診断
건강하다 健康だ、元気だ
걷다 歩く
걸다, 잠그다 掛ける
걸리다 かかる
것 の、もの
게임 ゲーム
게임하다 ゲームする
겨울방학 冬休み
결항 欠航
결혼 結婚
결혼식 結婚式
결혼하다 結婚する
경찰 警察
경치 景色
고기 肉
고마워 ありがとう
고맙다 ありがたい
고양이 猫
곰 クマ
공기 空気
공 ボール
공부 勉強
공원 公園
공포 ホラー、恐怖
공포영화 ホラー映画
공항 空港
교과서 教科書
과거 過去
괜찮다 大丈夫だ
교통카드 交通カード
구두 ヒール
구르다 転がる
국립 国立
국물 スープ
국민 国民
국밥 クッパ
국어 国語
굳이 あえて
귀국 帰国
그 その
그것 それ
그림책 絵本
그쪽 そちら,そっち
금리 金利
기계 機械
기차 汽車
길 道
귀엽다 可愛い
그렇다 そうだ
기분 気分
기쁘다 嬉しい
기억하다 覚える
김밥 キンパ
깊다 深い

ㄱ

까맣다　黒い
까지　まで
깨닫다　悟る
꼭　きっと、ぜひ
꽃　花
꽃밭　花畑
꽃집　花屋
끝나다　終わる

ㄴ

날다　飛ぶ
날씨　天気
남자친구　彼氏
낫다　治る
내 방(나의방)　私の部屋
내리다　降りる
냉장고　冷蔵庫
넓다　広い
넣다　入れる
넥타이　ネクタイ
년　年
년생　生まれ
노래　歌
노래하다　歌う
노트북　ノートパソコン
놀다　遊ぶ
누구　誰
누르다, 노랗다　黄色い
눈　雪
눕다　横になる
눈요기　目の保養
느리다　遅い
늦다　遅れる

ㄷ

다도　茶道
다른사람　他の人
다이어트　ダイエット
단어　単語
닫다　閉める
달　月
달다　甘い
닭　鳥
달력　暦、カレンダー
담배　タバコ
담요　毛布
답장　返事
당근　人参
당신　あなた
대청소　大掃除
대학축제　大学祭
덥다　暑い
도서관　図書館
독립　独立
돈　お金
돕다　手伝う
동갑　同い年
동물원　動物園
동안　童顔
되다　～になる
드디어　やっと
듣다　聞く
등산　山登り
뛰다　走る

ㅁ

마다　ごとに
마시다　飲む
마음　心
막걸리　マッコリ
만나다　会う

ㅁ

만나다　会う
만화　漫画
많다　多い
맏이　長子
맛　味
맛있다　美味しい
맞은편　向かい側
맞히다　当てる
매운 음식　辛い食べ物
머리　頭
머리부터발끝까지　頭からつまさきまで
먹다　食べる
멀다　遠い
멈추다　止める
멋지다　格好いい
며칠　何日
명함　名刺
몇살　何歳
모르다　分からない
모르다　知らない
모으다　貯める、集める
모임　集まり
목소리　声
몸　体
무겁다　重い
무섭다　怖い
무슨 요일　何曜日
무엇　何
문　ドア
묻다　問う
물　水
물놀이　水遊び
미닫이　障子
미래　将来、未来
미안하다　すまない
미용실　美容院
믿다　信じる

ㅂ

바다　海
박하　ハッカ
밖　外
반지　指輪
반드시　必ず
발렌타인데이　バレンタインデー
발표　発表
밝다　明るい
밤　夜
밤새　一晩中
밥　ご飯
밭　畑
배가 고프다　お腹が空いた
배가 부르다　お腹がいっぱい
배우다　学ぶ、習う
배터리　バッテリー
백화점　デパート
뱃속　お腹の中
번호　番号
법률　法律
변경　変更
변신　変身
병아리　ひよこ
병원　病院
보다　見る
복도　廊下
봄　春
부모님　両親
부부　夫婦
부산　釜山
분　方
불편하다　不便だ
붓다　注ぐ
비　雨
비빔밥　ビビンバ
비행기　飛行機
빌다　祈る

빠르다　早い
빨갛다　赤い
빵　パン

ㅅ

사과　リンゴ
사다　買う
사람　人
사랑　愛
사랑하다　愛する
사이　仲
사진　写真
산책　散歩
살　歳
삶　生
삼계탕　サムゲタン
상냥하다　優しい
상상　想像
상황　状況
새　鳥
새해　新年
색　色
생각　考え
생각하다　考える
생일　誕生日
서다　立つ
서점　本屋
선물　プレゼント
선생님　先生
섭리　摂理
소설　小説
솔직히　正直に
쇼핑　買い物、ショッピング
수고　手数
수영장　プール、水泳場
숙제　宿題
숙제하다　宿題する
술　お酒
쉬다　休む
스릴 있다　スリルがある
스마트폰　スマホ
스무디　スムージー
슬슬　そろそろ
슬프다　悲しい
시간　時間
시계　時計
시소　シーソー
시험　試験、テスト
식당　食堂
식목일　植樹の日
식용유　食用油
신문　新聞
신발　靴
신호　信号
싫다　嫌だ、嫌いだ
심리　心理
씩　ずつ

ㅇ

아기　赤ちゃん
아까　さっき
아름답다　美しい
아무것도　何も
아버지　お父さん
아침　朝
악기　楽器
악하다　悪い
앉다　坐る
앉히다　坐らせる
알다　知る
암기　暗記
야채　野菜
약속　約束
양　羊
얕다　浅い

ㅇ

어느　どの
어느 것　どれ
어느 쪽　どちら、どっち
어디　どこ
어떻다　どうだ
어렵다　難しい
어머니　お母さん
어버이날　父母の日、親の日
언론　言論
언제　いつ
얼굴　顔
얼마나　どれぐらい
업데이트　アップデート
없다　ない
여기　ここ
여동생　妹
여름　夏
여자　女子
여행　旅行
연락　連絡
연락처　連絡先
연륜　年輪
연세　お歳
연필　鉛筆
영　ゼロ
영리　利口
영수증　領収証
영화　映画
옆　横、隣
예쁘다　綺麗だ
예정　予定
오다　来る
올해　今年
옷　服
와이파이　Wi-Fi
외국인　外国人
외우다　覚える
요리　料理
용돈　お小遣い
우체국　郵便局
운동　運動
월　月
은행　銀行
음식　食べ物
음악　音楽
이　この
이것　これ
이르다　達する
이름　名前
이사하다　引っ越す
이웃　隣人
이유　理由
이쪽　こちら、こっち
인류　人類
일　仕事
일본인　日本人
일어서다　立つ
일하다　働く
읽다　読む
입원　入院
입학　入学
잇다　結ぶ
있다　ある、いる
있잖아　あのね
잊다　忘れる

ㅈ

자다　寝る
자동차　自動車
자매　姉妹
작다　小さい
잔돈　小銭
잘부탁드립니다.　よろしくお願いします
잠그다　掛ける
장　枚
재밌다　面白い
잼　ジャム
저　あの
저것　あれ
저기　あちら、あっち
저녁　夕方
저녁,밥　夕食、夜ご飯
전　前
전라도　全羅道
전화　電話
점　点
정리　整理
제주도　済州島
조용하다　静かだ
존재　存在
졸다　微睡む
졸리다　眠い
졸업　卒業
종로　鍾路
좋다　良い
주말　週末
주인공　主人公
준다　上げる
줍다　拾う
즐겁다　楽しい
주세요　ください
지갑　財布
지금　今
지나다,되다　経つ
지우개　消しゴム
지하철　地下鉄
직업　職業
질문　質問
집　家
집세　家賃
(건물)짓다　建てる

ㅊ

차　車
차다　蹴る
착하다　優しい
창문　窓
책　本
청소　掃除
초밥　寿司
축하해　おめでとう
(춤을)추다　踊る
축제　祭り
춥다　寒い
충전기　充電器
친구　友達
친절하다　親切だ
침대　ベッド

ㅋ

카드　カード
카페　カフェ
커피　コーヒー
케이크　ケーキ
케찹　ケチャップ
콘서트 コンサート
쿠키　クッキー
크다　大きい
크다, 높다　高い
키　背

ㅌ

TV　テレビ
턱받이　よだれ掛け

ㅍ

편리　便利
편의점　コンビニ
편지　手紙
편하다　楽だ
표현　表現
푸르다, 파랗다　青い
(꽃이)피다　咲く

ㅎ

하늘　空
하다　する
하얗다　白い
학교　学校
학생　学生
학원　塾
한국어　韓国語
한국인　韓国人
한글날　ハングルの日
한여름　真夏
한자　漢字
해돋이　日の出
핸드폰, 휴대전화　携帯、携帯電話
해바라기　ひまわり
행복하다　幸せだ
헤어드라이어, 드라이기　ヘアドライヤー
현명하다, 똑똑하다　賢い
현재　現在
협력　協力
형제　兄弟
호텔　ホテル
화나다　怒る
화장　化粧
화장대　化粧台
화장실　トイレ
흐르다　流れる

ソラ先生と学ぶ

一カ月で話せる韓国語

저 자　박송희(朴松姫)

초판 1쇄 2023년 2월 1일
초판 2쇄 2025년 10월 1일

한국어 번역 박송희
본문 디자인 박나영
표지 디자인 성윤진

발행인 강대진
발행처 북펀딩
등 록 제 2019-000337호
주 소 서울시 강남구 역삼로8길 21, 2F
번 호 02-540-4440
팩 스 02-554-4440
메 일 copyten@naver.com

著者 朴松姫(パク•ソンヒ)

本文デザイン パク•ナヨン
表紙デザイン ソン•ユンジン
発行者 カン・デジン
発行所 ブックファンディング
登録 第2019-000337号
住所 ソウル市江南区駅三路8キル21、2階
番号 (+82) 02-540-4440
ファックス (+82) 02-554-4440
メール copyten@naver.com

ISBN 979-11-91000-76-4(13700)